29張當票④

千金不換的人生現場

秦嗣林 著

目錄

第一章 當舖裡的風起雲湧／5

第一章
當鋪裡的風起雲湧

有錢人的世界

有錢人不一定是為了籌錢才光顧當舖，有些人出於好奇、有些人突發奇想，甚至有人將當舖視為理財的管道，這是以前無法想像的光景。經過多年的觀察，我發現有錢人除了資產傲人，他們的思考模式確實異於常人。

過去只有市井小民、窮困潦倒的人才會出入當舖，而富貴人家絕大多數是當舖絕緣體，除非大難臨頭，才有踏進當舖的可能。在我開業三分之二的時光裡，幾乎可以說，都是跟一些苦哈哈的朋友共體時艱。不過，三十年過去了，社會環境發生巨變，各行各業大翻轉，連台北市東區都從崛起走向沒落，當舖業也開始走向一個意想不到的方向。過去的升斗小民愈來愈少，反倒是達官顯貴開始出現在當舖裡，甚至沒有一點身價還進不了當舖呢。根據我的觀察，原因有二：一是如果沒有值錢的好貨，當舖也是愛莫能助，過去一支一、兩千塊的手錶能當個兩、三百塊，兩、三萬的珠寶還有人收，但現在一、兩萬的手錶都不太有人要了，珠寶的買入價格至少要三、四十萬，才有典當價值。所以擁有者一定非富即貴，因此，進出當舖的族群改頭換面，亮麗光鮮的有錢人愈來愈多。

再者，有錢人不一定是為了籌錢才光顧，有些人出於好奇、有些人突發奇想，甚至有人將當舖視為理財的管道，這是以前無法想像的光景。經過多年的觀察，我發現有錢人除了資產傲人，他們的思考模式確實異於常人。

有一位拍賣會常客龔先生，我常常在會場見到他，每回遇上古董、字畫、名錶和珠寶，他下標都毫不手軟，自詡為業餘收藏家，所以各大拍賣會也將其奉為上賓。某天他突然帶著十支經典款手錶上門，經過鑑定，各個價值百萬以上，若是全部典當，六、七百萬不在話下。不過，我的工作原則是「鑑人比鑑物重要」，遇到高金額的典當，多問幾句比較保險。我見他神態自若，加上平時在拍賣會出手的氣勢，絲毫不像缺幾百萬的人，所以跟他閒聊之際，我丟出一句：「欸，我常看你在拍賣會出入，這些東西應該也是拍賣會拍來的吧？」

「對啊！你看，這一支是佳士得，那一支是從蘇富比來的，旁邊的是嘉德……」

他對每一支錶的來歷都如數家珍，所以看來來源很正當。

「你買了這麼多，怎麼會想典當呢？」

「我缺錢啊！缺錢就典當，這個理由合理嗎？」

「合理合理，每個人都會缺錢。你需要多少錢？」

「隨便！」

「這個就不好說了，缺錢總有一個範圍嘛！隨便可不行。」

「大千典精品出價向來公道，我相信你！」

「哎呀！你這麼說，既是灌迷湯又是考試，」我想了想，回他：「你的買入價格差不多一千萬出頭，評估後打個六折，借你六百萬沒有問題。」

他爽快地說：「沒有問題。」協議達成，銀貨兩訖，他興高采烈地揮揮手離開。我心想，如果每一個客人都像他一樣開心的話，生意多好做啊！但與此同時，我心中仍忍不住犯嘀咕，不知道這麼好做的生意，是走運，還是被設計？不過，服務業以客為尊，客人愛怎麼辦，咱們也沒話講，回頭再確認錶況，證明的確是真品，我就放心了。

可沒想到第二天就有事。龔先生拿著當票回來說：「昨天有一支伯爵錶，可不可以再拿出來給我看看？」

我說：「抱歉，我們的規矩是謝絕看貨。」

「我的錶，我自己看看有什麼關係？」

「這……好吧。」

同仁取出了伯爵錶，龔先生把錶連同當票放在桌子上，轉頭問同仁說：「WIFI的密碼多少？」同仁剛回答完，龔先生架起了手機，竟然開始直播！只見他滔滔不絕地說：「大家好，我現在在知名的大千典精品，你們看看這支伯爵錶，當初我在拍賣會上花了兩百多萬買下，在大千當了一百一十萬。我絕對沒唬人，喏，自己看當票，」說著就拿起當票對著鏡頭，「我跟你們講，大千典精品算是公道，我去別家問，大概都不到一百萬，只有這裡出到一百一十萬……」他愈講愈起勁，我們卻愈看愈傻眼，屢次想阻止他，可店裡沒規定不能上網，他也沒拍到我們，不過仍然是尷尬到極點。好不容易等到他講得盡興收線了，我趕緊問：「龔先生，您這是在幹嘛？你是要賣錶嗎？」

「不，我要打知名度。」他認真地說：「我看網路上那些炫富網紅的開箱文都是跑車、豪宅之類，我不是沒有，可是他們等級太高，我跟不上。所以我找出新的路線，專攻收藏精品或是稀有珠寶，然後專門上網介紹。」

我連忙說：「這樣的話，其實你不用來當啊！在家裡直播就好了嘛！」

他搖搖頭說：「在家裡直播沒有公信力，人家會以為是假貨。可是我剛剛從進門就先拍了影片，表示我真的來到大千，透過你們的口碑和公信力，才能表示我這手錶的確值錢。」

我大感佩服說：「我們開業至今，還沒有人敢在店裡直播。不過，我們打個商量，以後不要在我們這裡。不如你先在家中上線展示手錶，說明花多少錢購入、接著要去大千典精品典當等等，典當以後，再開直播拿當票給粉絲看。這樣是不是簡單多了？不然我們很尷尬。」

龔先生歪著頭想了想說：「好，就照你說的方式辦。」

我接著問：「你為什麼想出名？」

「我很不服氣啊！明明我的眼光比別人好，手上的精品、骨董不輸給任何人，可是沒人注意我，反倒是一些財大氣粗的人，粉絲特別多。所以我要開自己的頻道，專攻鑑定古董文物或是精品，總有一天，我也要達到百萬訂閱。」

我說：「哇！百萬訂閱很不容易，你打算怎麼做？」

「還不簡單，我把買到的東西統統拿出來就做不完了，未來還可以跟拍賣公司配合。秦老闆，有沒有興趣一起合作？」

我搖搖手說：「你可以找拍賣會或是其他業者，可是我的當舖不能跟你配合，因為涉及到其他客戶的隱私。拜託拜託，請你不要在這邊直播。」

「好好好，沒有問題。」

龔先生離開了，但是直播的收看人數真不少，很多人循線找到我們的Facebook，私訊問我伯爵錶的錶況。那些訊息多到幾乎沒辦法回，只能勸大家追蹤他的直播，我無從置喙；好不容易解決完線上問題，還有粉絲親自登門，詢問到底手錶要賣多少錢、能不能買。面對這些，我一概回應不清楚、不了解，也暗暗叫苦，這位龔先生也太有群眾魅力了啊！

龔先生最後一次到我店裡來，提及一間知名拍賣公司正舉辦拍賣前的預展，他看上一顆粉紅色的鑽石，起標價是一百萬美元（約莫三千一百萬台幣），問我可以當多少錢。光憑一句話，我自然無從判斷，於是告訴他：「我不知道欸！」

「不然我們一起去看一看。」

「一起去看不好吧！你想買就買呀！」他不曉得我被諸多拍賣會視為頭痛人物，每回出現，主辦方總是第一時間把帶我到包廂，深怕找我鑑定的民眾太多，一不小心打亂行情。

可是他搖搖頭說：「不行，如果我買了，就要在你這邊當，所以要知道到底你會出多少錢。如果我買一百萬美金，結果你只出一千萬台幣，我不就虧大了？」

「還沒發生的事我無法保證啊！況且，你也不一定標得到。」

「標不標得到沒有關係，重點是鑽石值不值錢。你就幫我看一看吧！」

禁不住他一再要求，最後我只得說：「好吧，我們分別前往，你去看你的，我去看我的。」

我按著拍賣編號找到那顆鑽石，仔細看了看，認為一百萬美金賣得稍微貴了一點。經過深思，我告訴龔先生，大概可以當一千五百萬台幣。

他說：「拜託，三千萬只當一千五百萬，太划不來。」

「按照現在的市場價值就是當一千五百萬，如果你覺得太低，不要買比較好。」我這麼回他。

過了四、五個月，拍賣正式展開，龔先生還是去出價了，正好沒人搶標，順利以一百萬美金入手。他按照原定計畫拿來典當，可是距離上次鑑定過了近半年，剛好碰上彩鑽跌價，考慮到市場行情，我只能開出一千兩百萬。

龔先生一聽，馬上瞪大雙眼，氣呼呼地說：「好好好，你等一下，我現在架直播，我要廣為宣傳，告訴大家你們說話不算話。」

我連忙阻止他說：「欸，你不要這樣好不好？鑽石本身沒問題，先前評估值一千五百萬也是對的，但是最近市場價格真的掉了啊。」

他執拗地說：「不行，你一定要給我一千五百萬。不然我跟你沒完沒了。」

我又好氣又好笑。「……你這樣子不是為難我們嗎？當初又不是我鼓勵你去買。雖然先前評估過，但是都已經過了四、五個月了。你等到價格回升以後，再賣掉就好啦！」

他還是不開心，直嚷著就算現在不直播，回家還是會錄一段影片放上網。

我很怕他在網路上亂放話，一旦民眾先入為主的觀念形成，到時候再收拾殘局可就麻煩了。最後我說：「好啦好啦！借你一千三百萬啦！」

他聽了，這才露出笑容，一面辦理手續一面強調說：「你別擔心，我會來贖回去。」

我回他：「你會贖沒錯，但是以後買東西之前不要再來請教我。我不說是我的自由，但是你不開心；我說了好像幫了你的忙，結果你回過頭來倒打我一耙，硬說我言而無信，我可麻煩了！」

「好啦好啦！我知道了。」

結果沒過幾天，他又來找我商量：「秦老闆，我會帶一個朋友來贖上次的鑽石，不過，你別告訴他當初的價錢，直接說兩千六百萬讓他贖回去。」

我皺著眉頭拒絕：「不行啦！當票上面寫得清清楚楚。」

「哎，我不會拿出當票。」

「那也不行，而且你不是直播了嗎？大家都知道你當了多少錢。」

「我回家想過，決定不要直播，找一個人賣掉比較乾脆。」

「你花了三千萬買下，結果只賣兩千六百萬，這不是很奇怪嗎？」

龔先生不回答我的疑慮，自顧自按照計畫找了朋友來看鑽石。對方問我：「秦老闆，龔先生買一百萬美金，現在要賣我兩千六百萬，你覺得可不可以？」

任憑龔先生在一旁擠眉弄眼，我依然語帶保留地說：「可不可以我是不曉得，不過如果你要當的話，只能當一千三百萬。」對方一聽，立刻打退堂鼓。生意沒做成，龔先生暴跳如雷，一下子說我擋了他的財路，一下子又說時運不濟，買什麼賠什麼。我反過來勸他：「有時候賣東西必須要再擺一段時間，不要買了什麼馬上就想脫手。」

「可是我賣手錶都賺錢，一遇到珠寶就不順利。」

「對啊！因為時間還沒到嘛，等價格漲起來就不會賠錢了。」

「唉，我以後不要靠近珠寶，以後專收手錶。」

我笑著說：「你收手錶或是收精品都好，但是找別人幫你處理，不要來我們這裡玩，不然我的壓力很重。」

在以前的年代，典當是一件丟臉的事，上門都要遮遮掩掩，深怕被熟人看到。現在反而是到處張揚，藉由典當證明物品價值，進而招攬客戶，成了有錢人遊戲的一環。還有一種有錢人，不是來典當，而是來買東西，而且不是高檔貨不要，聽來真是夢幻好顧客。

一位大公司的老闆娘魏小姐正是箇中代表。她只要看到中意的鑽石、藍寶石和紅寶石之類，就立刻要我們收起來，不讓別的客人看。按照規矩，要保留就得先收訂金，她也不含糊，「唰」地一下在櫃台上丟了兩千元。可是她看上的珠寶值兩百萬，兩千塊的訂金形同沒付錢啊！不過她一直強調：「我明天就來拿。」我們不好意思跟客人撕破臉，只能從善如流。

不過，隔天魏小姐沒來，後天也不見蹤影，一個禮拜過去了，她依舊杳如黃鶴。我們拚命地打電話聯繫，好不容易找到人，她又不高興地說：「急什麼？不是給了訂金嗎？我最近正忙，改天再去。」左盼右盼終於盼到人，等她終於露面，她竟又開始嫌東嫌西，認為兩百萬太貴了，大力砍價。但我們的銷售同仁也不是省油的燈，雙方一陣攻防，她突然撂下一句：「我不買了，走了。」

不買了是吧，同仁便遞回兩千塊訂金。她卻說：「不用還，先擺著！」

這一擺，又是一個禮拜，只能再打電話。終於等到魏小姐施施然大駕光臨，她還是一派輕鬆地說：「上次開的價錢賣不賣啊？不賣，我就要走喔！」說完繼續拿起屠刀，殺價殺得刀刀見骨，殺得我們棄甲投降，最後乾脆賣給她。

過了一個月，魏小姐又出現了。這次她看上的是一條價值百萬的項鍊，一樣也跟同仁說：「這個妳給我收起來，我要買。」

這回我們學聰明了，明明白白告訴她：「訂金只給兩千塊，沒辦法保留喔。」她笑著掏出錢說：「那有什麼關係？給你們一萬塊夠了吧？」

「拜託，一百萬的項鍊只給一萬的訂金太少了。」

「哎呀！不管啦！」她瀟灑地放下錢就轉身離開。接下來，我們又空等了一個禮拜，雖然其他客人對這條項鍊同樣很感興趣，但是魏小姐已下訂，我們就不能賣給別人，只好拚命聯繫她。等到她終於現身，嫌東嫌西的戲碼又再度上演，彷彿是吃定了我們只能賣給她，一百萬的項鍊硬生生被砍成九十萬；眼看好不容易成交了，她又使出一招，拿出上回買的寶石，撇撇嘴說：「這一顆上次買一百八十萬，我不喜歡，要退貨。所以你們還要找我九十萬。」銷售同仁一聽簡直快崩潰了，連忙說：「要退也不能全額退款，按規定得打折。」

「不行，我要全退，我根本沒戴過。」

同仁被折騰得無法思考，找我下樓處理。我說：「魏小姐，拜託一下好不好，我們這些人都要吃飯耶！妳這樣子我們沒辦法做生意！」

她振振有詞地說：「怎麼會不能做？我跟你買了，不好我就退啊！是東西不好，又不是我不好！」

「好啦好啦！別再說了，再講就不好看了。」我舉雙手投降，跟同仁說：「把錢退給魏小姐。」

她露出貓捉老鼠的勝利笑容，帶著現金和項鍊出了大門，留下精疲力竭的我們。接下來的日子裡，付訂金、消失、殺價再到退貨的模式持續上演，一年裡頭要換上五、六次，彷彿只是她生活中的小小樂趣，但是我們被搞得暈頭轉向。然而她看上的東西，別人也會喜歡，有時甚至其他客人已經拿在手上了，她還是一把搶過來，扔下訂金就跑，我們也不方便追出去把錢塞回她的皮包。等到一週過去，大概也沒人再跟她搶了，她又要來退貨。

為了杜絕後患，我召集同仁開會商討對策，大家七嘴八舌地提出各種方案，比如說，擺明不收她的現金，不就好了嗎？但是我們有張良計，她有過牆梯，事情沒那麼簡單。有次會計發現公司的帳戶突然多了兩千元，魏小姐隨即來電確認：「訂金兩千塊已經匯給你們了。」

我趕緊指示會計把錢退回原帳戶，她又來電質問：「為什麼兩千元匯回來了？沒關係，我又匯了一萬。」有人說有錢人就是任性，成就大事確實需要任性，放在對的地方是擇善固執，不過，魏小姐的任性可就讓我們一籌莫展。

又有一天，我剛好從外面辦完事回到店裡，正好碰見她在櫃檯故技重施。當她放下兩千塊，準備往外走人時，我立刻阻止她說：「魏小姐，別急著走，您先請坐。」接著我請同仁再拿兩千元給我，連同她留在櫃檯的訂金雙手奉上。我說：「這是您的訂金，另外送您兩千塊計程車錢，我們實在是伺候不起。因為您無緣無故買了又退，原本想買卻沒買到的客人，之後看到東西突然出現，肯定納悶東西是不是不好才被退貨。請您不要再這樣啦！」

她辯白說：「我才不是無緣無故退貨，是你們的東西不好。」

「對！東西本來就不好，畢竟是流當品嘛，比不上全新品，所以我才勸您不要買。」接著，我對所有的同仁說：「魏小姐是我們的貴賓，每次她來，一定要好禮相待，但是千萬不要賣東西給她，因為如她所言，我們的商品都不夠好，否則她怎麼會退呢？所以拜託大家幫幫忙，不要賣東西給我們的貴賓魏小姐。」

大家一聽齊聲附和：「好好好，不賣了，不賣了。」魏小姐脹紅了臉，包包一摔就走了。

接下來的三天，我的Line響個不停。魏小姐怒火中燒地指責我們待客不週、態度傲慢云云，於是我回覆了一篇短文，大意是說，第一線的銷售同仁靠著銷售獎金養家活口，一旦退貨，獎金就要吐出來，這件事對老闆沒有差別，貨被退了再賣就好，可是對銷售同仁來講，到手的獎金又還回去，實在很殘忍。我要求他們不要賣黑心商品給妳，實屬不得已，因為妳認定東西不好，退貨有理，我們也認為妳說的是事實，因為妳的退貨率超過百分之六十五，表示商品的確有問題。如果公諸媒體，大眾一定認為我們賣的是黑心商品，所以我們也要拿出良心。既然不能賣妳，訂金更不能收，如此說來，何錯之有？

她回訊說：「既然你們認定是黑心商品，同樣也不可以賣給別人。」

我說：「賣流當品的原則是『貨賣有緣人』，有人可以接受瑕疵，因為反映在價格上，正因如此，才會有人捨新車買二手車，他們不會認為是黑心產品。若用新品的要求看待二手商品，我們就沒有辦法符合妳的高標準，所以不賣給妳是有道理的。」

話雖如此，我還是特地帶了一份禮物到魏小姐的公司拜訪。眼看她餘怒未消，我說：

「抱歉，請您原諒，但是您的退貨率真的不能看。而且，每一次銷售小姐領薪水的時候，獎金都扣好幾千塊，對您來講，吃頓飯好幾千塊不當回事，可是對她們來說，那是一個孩子的學費、房貸和孝敬父母的錢。所以拜託您，要嘛您買下來，我們給您最合適的價錢，但是請不要退。」

「東西不好不能退嗎？」

「那就對了，東西不好您別買，因為還有別人會買。世界上沒有完美的商品，但是價格反映著品質的保證，我們保證一分錢一分貨，不可能一分錢買十分貨。」這時她的先生也出來幫忙打圓場，終於把氣氛搞好，事情總算和平收場。

過了沒兩個月，我接到了一通電話，是開珠寶店的同業特別打來問的：「秦老闆，有一個客戶來買東西，出手又快又大方，可是沒幾天就來退貨，要是不退，她立刻破口大罵，我該怎麼辦？」

我心中馬上浮現熟悉的面孔，於是我說：「你應該婉拒不賣，不要製造糾紛。直接說東西不好，不能賣她；否則到時候她挑出瑕疵，你不退也不對，還是要含淚接受她的要求。還有，要設法讓她開心地離開，建議你直接告訴她，這個商品不符合妳的標準，以後有好的商品，我再通知妳。」

我說，賺錢得賺有緣人的錢，不是賺有錢人的錢，因為有錢人的遊戲對大部分的人而言，一點都不好玩。

新新世界

以前上門的客人，十個裡面有十個都是愁眉苦臉，現在來當舖的，十個有五個是開開心心的。

一位小姐來我店裡當戒指、項鍊或手錶等精品，我問為何想當？她說：「因為要買新款的包。」

「哇！何必為了包包當鑽戒？如果不是必需品，可以不要買啊！」

「不是，因為包包是限量款，姐妹之間只有我揹才酷炫。反正手錶可以暫時不戴，放在你這邊，等我有錢再來贖。」

過了一陣子，同一位小姐拎著限量款的包包上門說：「包包不揹了，手錶我要戴，我把包包拿來當。」

這些年，新世代的客群冒出頭來，他們多半單身、收入高，有獨立思考的能力和鮮明的個性，在同儕之間影響力大，喜歡精緻的名牌和品味人生。相較於鎮日努力求生的傳統華人，以及今朝有酒今朝醉的月光族，他們將當舖視為可靠的資金來源，而非救命稻草。以前上門的客人，十個裡面有十個都是愁眉苦臉，現在來當舖的，十個有五個是開開心心的。

從事廣告業的周先生正是箇中代表。他的收入高、單身，每年安排豪華的火車旅遊、歐洲河輪之類的度假行程，拿到獎金就買一些手錶、精品之類。即使一支手錶的價格比年薪還高，他也不擔心，反正買了就拿來當，先拿回一半的現金，之後每個月十萬十萬地攤還，半年就能贖回，日子過得有滋有味。我曾經問他，父母親是否會給他成家的壓力？他說：「當然會，爸媽希望我趕快成家、生個孫子，可是我覺得沒必要，而且如果兒女沒教好，會是一輩子的折磨。我一個人活得輕鬆自在，多好。」

除了精品，周先生對於藝術品也頗有興趣，我知道他的目的在於投資而非收藏，建議他放棄不易脫手的田黃、古玉等奇石，轉往現代藝術發展，閒暇時多多研究創作者的相關資訊，若有潛力，趁著還沒有名氣時先買下作品，不失為一項好的投資。

久而久之，周先生的父母親知道兒子常常跑到我的店裡，有一次，兩老跑來跟我聊天。他們說：「我們這個兒子不買房，每天買了一堆有的沒的，不然就是突然出國去玩，根本沒為將來打算。秦老闆，你有機會也幫我們勸勸他。」

我說：「這是好事情啊！兩位跟我的年紀差不多，現在的年輕人跟我們不一樣，我們都該換一種思考模式。你看，買房子馬上被貸款壓成房奴，而且買了以後不能隨意換環境，對不對？可是租房子比較靈活，這裡住得不如意，馬上換個地方。雖然租金跟房貸差不多，不過，有一間房子不過就是存了一筆錢，反而失去了自由。反正各有各的好處，孩子把錢花在自己的身上也不壞，不用太過擔心。」

「可是他都買一些奇奇怪怪的畫，而且明明一個月薪水十幾萬，卻常常跑來當東西，這樣危不危險啊？」

我笑著說：「別擔心，跑當舖是好的。因為現在當舖不會利用人，反而是當舖被人利用。去別的地方只能借錢，到當舖還能問問市場上有什麼東西值錢。我常跟他說，買奇石不如買現代藝術，因為奇石真偽難辨，又不好脫手；若要買手錶，勞力士的水鬼錶值得投資，果然現在市場上就搶購一空。因為一時拿不出大筆金錢，他找我幫忙管理資金，而且利息合理，沒有被剝削的隱憂。

「如果他買一些奇奇怪怪的金融商品，反而容易上當受騙，兩位不是更擔心？雖然他買的畫現在可能賣不了多少錢，但過一段時間，我想都有增值空間。最重要的是，他能夠養活自己，沒有危害社會，你們還擔心什麼呢？」

「可是他不結婚啊！」

「至於姻緣就是天意了，他自己沒法主宰，時候到了自然水到渠成，你們著急也沒用。其實像他這樣的年輕人愈來愈多，能享福的時候先享福，不像年老的我們積穀防饑，等老了再打算。首先，現代人不會打算老年生活，再者，老了要是身體不好，還談什麼福氣？就像七十歲的人開法拉利能看嗎？當然要四十歲開啊！以前我也不能接受，但現在我也逐漸改變了觀念。既然我能改，兩位一定也能調適。」

沒隔多久，周先生又來當東西。我想起他父母親擔心的神情，於是問他：「周先生，有時候是不是可以跟父母親聊一聊未來的打算？你既是獨子，快四十歲了還不結婚，又買了一堆東西跑來當舖，父母親一定會擔心的啊！」

「哎呀，他們才不會擔心。」

「天下父母心，他們一定會考慮到你的將來。而且，你對父母親有沒有什麼規劃呢？」

「規劃？我自己活得好好的，我也希望爸爸媽媽活得好好的，這就沒事了。他們有錢也有房，養老沒有問題。」

「當然，有錢是基本，不過，如果他們希望跟兒子一起終老，而你的計畫中沒有爸爸媽媽，這可尷尬了。你們還是要談一談。」

「難道我爸媽來找過你？」他起了疑心。

我故作鎮定地搖頭說：「他們不會來找我，只是我覺得必須跟你聊一聊，因為你都買自己的東西，沒看過你幫父母買什麼東西。還有，跑當舖這件事情，其實就跟跑銀行一樣；跑銀行是領自己存的錢，跑當舖是把自己的資產換成現金，十分正常。只是長輩被刻板印象困住了，要多溝通，讓彼此放心。即使只為自己打算也無所謂，不過必須讓關心你的人知道你的想法，這是一個負責任的態度。」

我們的聯繫還是很密切，每當他看到值得投資的藝術品，便直接傳Line給我看。隨著日子過去，他典當的頻率漸漸增加，我隨口問：「最近你缺錢啊？」

「不是不是，我交了一個女朋友，她在拍賣行工作，向我介紹了一位新畫家，所以我買了幾幅作品。」

我請他Line給我瞧瞧，看完以後，我說：「還不錯，不過可能要花很多的時間，才有增值的機會。你用什麼眼光判斷可不可以入手呢？」

他說：「沒有耶！女朋友跟我介紹我就買了。」

「哇！這是談戀愛，不是投資喔！」我提醒他，「感情跟金錢一定要分開，自己要設定投資上限，超過了就要打住。可別落入持續投資來維持感情的陷阱，尤其你不是玩咖，容易上當，一定要特別小心。」

有一回，周先生帶著女朋友陳小姐來贖東西，我從言談舉止觀察，陳小姐對藝術品很有研究，而且氣質優雅，不像為了錢而接近周先生。我隨口問了一句：「最近有沒有比較好的投資標的，可不可以推薦一下？」

陳小姐提了幾位新銳畫家。我說：「他們好像是大陸的新秀？」

她說：「對，他們正當紅。」

我說：「紅是紅，可是這幾位真正的功力我看不出來，所以你們要特別小心。有一些拍賣行推薦的作品不保證品質，買家入手了之後，等到猴年馬月都等不到升值。」

陳小姐問：「秦先生，您覺得怎麼做比較好？」

「應該要跟客戶介紹隨著時間逐步增值的作品，而不是標榜立刻脫手賺錢。市場上不乏刻意哄抬的作品，當價格還原的時候，就很難跟客戶交代，所以要謹慎，千萬不要見利忘義。」

周先生以為我意有所指，面露尷尬地打圓場說：「秦老師，其實我沒有買很多，你說的稍微嚴肅了一點。」

我說：「很抱歉，幹我們這一行的，總是希望大家保持理智。因為我見過一些拍賣行，先鎖定特定的藝術家，請人來臺灣辦幾場講座，透過炒作，讓作品價格大幅膨脹，吸引投資者衝動下手，跟炒房一樣。尤其像你們這樣的年輕投資者更要留意，有實力的新興藝術家作品，應該在三年到五年之內獲利百分之二十到三十即可脫手。若想著擺著十年、二十年，從一百萬翻倍成兩百萬，未免不切實際。既然對藝術有興趣，建議你們多花時間研究藝術家的作品。畢竟牽扯到商業利益，還是理性為上。」

小倆口回家一討論，覺得我講得頗為中肯，尤其陳小姐認為自己不會在拍賣行上一輩子的班，萬一她經手的作品以後出了問題，心裡同樣過意不去。因此兩人再度上門，陳小姐問我，她應該在拍賣行扮演什麼樣的角色。

我說：「朝向一個有公信力的拍賣官發展。因為有些拍賣官的素質很差，只顧著拍賣賺錢，對於商品價值一知半解，實在不像話。」

「我應該要怎麼辦？」

「現在的資歷還不夠，妳所推的藝術家可能只是來自公司內部推薦，對作品的看法也多半來自大家的評鑑，少了自己的見解。妳應該培養自己的眼光和知識，發掘真正有價值、有感染力的藝術家。真的想走這一行，妳可以到英國學學拍賣。」

結果沒多久，兩個人帶著所有的蒐藏品來典當，說兩人決定一同前往英國進修，需要準備兩百多萬。

我問周先生說：「這個變動太大了，你的工作怎麼辦？」

「公司給我兩年的時間，如果我願意，可以重新回去上班，不然，我想跟我女朋友一起走這條路。」

我說：「很好啊，不過還是要考慮經濟問題，單靠兩百多萬，兩個人可能撐不了太久。所以最好的方式是你先跟公司請三個月的假，先短期學習，再回來上班。陳小姐可以多花一些時間，學習其他專業，進可攻、退可守，否則一開始斬斷所有後路，風險太大。」

兩人考慮之後，覺得可行，於是當了部分收藏品，整頓行囊、出國深造。幾個月後，周先生回國找我聊天，一臉神采飛揚，看來收穫滿滿。他表示目前先回到廣告公司任職，我說：「非常好，帶著新的想法回到本行，一定會有不一樣的火花，等到陳小姐學成歸國，兩個人再考慮新的職涯規劃；如果感情穩定，還能考慮到婚嫁的問題，現在這個階段正是最好的經歷。」

趨勢在變，當舖的客群也在變。過去上門的，多半是中產階級，或是小公司、小工廠的老闆，這些人的想法比較保守，多半是孜孜矻矻為了生活打拚。現在的客群想法更活潑，喜歡精品和藝術，重視活在當下。所以我們也隨著客人的需求變化服務內容，除了精進藝術相關知識，經營方式也開始推陳出新，比照租賃公司模式。例如，客人看上一幅藝術品，可以找我一起去鑑賞，如果有價值，由當舖出錢買下，客人按期付款，期滿之後，藝術品同樣歸他所有。此外，我們的客群還多出了一批專業人士，他們可能從事珠寶加工設計，或是藝術品相關產業，雖然年輕，卻潛力十足。這些新世代都是重度網路使用者，傳統的店面已經吸引不了他們。如何更貼近他們的需求，是我們這一行永遠學不完的功課，也是大千持續精進的動力。

玩人的世界

世界運行的法則就是你玩我、我玩你，大家玩在一起。只要訂好遊戲規則，不要讓別人蒙受不必要的損失，也不要異想天開想抄捷徑，認真地做好該做的事，成功自然跟隨。

現在通訊軟體愈來愈方便，卻也帶來一些困擾：我的Line帳號常常冒出不認識的人加好友，三不五時就接到廣告訊息或問候圖，每天的未讀訊息滿檔，有時真有些煩惱。前一陣子，我接到一個陌生人的Line，自稱是廖某某，然後稀哩呼嚕地傳了一連串買賣房子的案件。正當我看得有點心煩，準備刪除聯絡人，可是又覺得這名字眼熟，因此還是忍著沒行動。沒隔幾天，他又發了一堆待售店面的照片，於是我忍不住發了訊息詢問：「廖先

生，我們認識嗎？」

他秒回：「我們當然認識，我是你以前的客戶啊！」

我疑惑地問：「這樣子啊！多久以前？」

「民國九十幾年左右，我在大千當過東西。」

「房屋仲介怎麼需要當東西呀？」

「沒辦法，我以前少一根筋，常常做糊塗事。」

接著他便向我大力推薦一間位於民生東路的店面，我開始覺得這個人有點意思，於是藉著看店面的名義瞧瞧本尊。店面普普通通，但是這位廖先生愈看愈眼熟，我們在路邊一間咖啡廳坐下來，我問他：「一般人愛面子，當東西都不願意說，只有你會主動提起。不過，你以前當過什麼特別的東西嗎？我真的沒有印象。」

廖先生說：「秦大哥，您貴人多忘事，有一次我要湊買房的訂金，沒湊到就會被開除，我實在沒辦法，只好去大千當掉媽媽給我的金項鍊。」

「好像有這麼一回事，」我搔搔頭說：「但是印象中，你來的時候好像沒有很緊張。」

他灑脫地說：「沒什麼啦！反正如果被開除，想辦法再找工作就好了。如果金項鍊流當，說不定哪一天在路邊能撿一條回家。」

「哪可能撿回來啊？」我接話：「老實說，別的房屋仲介都很精明，像你這樣大剌剌的人，怎麼會走上這一行呢？」

於是，我們兩個人在午後的咖啡廳聊起了往事。

廖先生從小成績不好，只愛畫畫，復興美工畢業後，順理成章地走上美術設計一途。他雖然設計功力挺好，但是生性閒散，主管交代的事常常忘東忘西，有時興致一來，就背著相機到山裡賞鳥。當年沒有手機，公司常常聯絡不到他的人，有次等他回到公司，才發現自己被炒了魷魚。

我問：「你怎麼會這麼天兵？」

他聳聳肩說：「我從小就覺得什麼事情都不重要，只有玩最重要！所以功課很少寫，看不懂考試題目就在考卷上畫畫，所以才去念復興美工。」

「你現在工作還順利嗎？」

「我現在是店長。」

「拜託，你這種少一根筋的人怎麼會當店長？」

「嘿嘿，正是因為我少一根筋，所以摸索了快二十年，終於摸索出自己的一條路。反正我不跟人計較，而且無論好事壞事，我轉頭就忘，甚至看到狠狠拒絕過我的客戶，即使同事提醒我，我都想不起來，所以還能繼續努力！」

我聽了暗暗稱奇，於是向他拿了一張名片，臨走前說：「今天的店面我看了不滿意，這樣好了，改天請你吃飯，我們好好聊一聊。」

我向幾位房仲業的朋友打聽了廖先生的底細，不問不知道，一問嚇一跳，每一位同業都用欽佩的口氣說：「你不曉得，他是房仲業公認的神人，曾經連續十二個月的月收入破百萬！」

聽他們如此描述，我更好奇了，於是主動約他說：「同業對你讚不絕口，可不可以來我的辦公室坐坐，我們聊聊你是怎麼成功的？」

廖先生一派輕鬆地說：「當然可以，不過我現在準備去北歐看極光，等我回來以後再去拜訪您。」

「什麼？你們這麼輕鬆？還可以出國？」

「其實沒什麼，只要心情放輕鬆就能去，還是一樣賺錢。」

我愈來愈好奇，怎麼一個忘東忘西、成天遊山玩水的人，還能把事業做得出類拔萃？等他返國，我們在公司相見，我劈頭就說：「廖先生，你在仲介業是赫赫有名的天王級人物，我真的是小看你了。」

他笑說：「沒有啦！我還沒有完全發揮，如果使出全力，保證打遍業界無敵手。」

「你到底是怎麼樣做到的？」

接下來，廖先生開心地講起他在房仲業絕處逢生的奇特故事。他曾經兩個月都沒成交，被店長列入資遣名單，他老兄倒是不以為意，心想反正大不了去畫漫畫，一樣能養活自己。就在一個倒數計時的星期六，一位顏先生走進店裡，詢問一戶要價千萬的房子。廖先生覺得彷彿看到曙光，如果爭取成功，至少不用走路，於是積極地跟顏先生洽談細節。顏先生什麼都說好，惟獨提到身上現金不夠，訂金能否只付一萬元？雖然按照規定該支付百分之十當訂金，但是廖先生想，反正顏先生已經要買房子了，一百萬和一萬都是訂金，於是爽快地與顏先生簽約。

顏先生離開以後，店長回到店裡，廖先生興奮地回報：「我成交了！一戶一千萬！我成交了！」店長鬆了一口氣，看著合約，以為真收到了一百萬的訂金，仔細一瞧，才發現數字怪怪的。「個、十、百、千……怎麼才收一萬？喂！一萬要買一千萬的房子？你有病啊？」店長氣得要廖先生去追回客戶，但是對方早已不知去向，只能等他七天內再來付斡旋金。誰知道這一等，等了快十天，顏先生彷彿人間蒸發。店長氣得跳腳，但是還沒結案，也不敢炒掉廖先生，只能罰他留職停薪，直到顏先生出面為止。

廖先生心想守株待兔不是辦法，因此按著合約上登記的地址到木柵尋人。第一次去撲了個空，第二次遇上顏先生在家看電視，廖先生一進門就低聲下氣地拜託他，寧可退還一萬塊、結束合約，也不想再歹戲拖棚。可是顏先生不肯收回訂金，也不願付斡旋金。廖先生急了：「那我怎麼辦？這間房子也沒辦法賣給別人，你這樣子不是要坑我嗎？」

顏先生解釋：「我很喜歡這間房子，只是沒錢而已。不如這樣，如果你另外找一間我喜歡又不貴的房子，我們就取消合約。」

「拜託，我自己的工作都岌岌可危，哪有什麼辦法能幫你忙。」

顏先生說：「那就不用談了，如果你沒收我的一萬塊，小心我告你！」

廖先生百般無奈，便回到店裡向店長報告，店長聽完點點頭說：「那好吧，我們採取法律行動。」

結果沒等店長出招，第二天，顏先生主動帶著律師出現，直說自己有誠意買房，但是開價太高，只肯出三百萬。店長和廖先生直呼價格低到無法接受，雙方吵得不可開交。眼看著顏先生揚言提告，要是打起官司，仲介公司便要蒙受極大損失，廖先生的工作更是不保，他突然福至心靈，提出全新方案：「顏先生，乾脆你別買這間一千萬的，我另找一戶三百萬的房子賣你，你說好不好？」

店長回頭問：「你說的房子在哪裡？」

「我去找，保證能找到。」廖先生拍胸脯說。

顏先生打蛇隨棍上地說：「好，我給你五天時間！五天內我一定要看到三百萬的房子。」

廖先生攬下一個大麻煩，第一件事便是跑到廟裡燒香求神，祈求諸佛菩薩大力保祐，壓根兒沒留意自己被耍了——顏先生意在敲詐，本就無意購屋。但是廖先生沒想太多，過去他生性隨興，不過這一回，他也感覺到要是沒成功，自己實在太糟糕。因此每天穿梭在大街小巷，死命地找物件。

某天走著走著，他一抬頭，看見一戶公寓頂樓飄著一張紅紙條，上頭寫著大大的「售」，還有四個字「仲介勿擾」。廖先生心想也許可以試試，於是上樓按電鈴。開門的老太太劈頭就問：「你是不是仲介？」

廖先生撒了個謊說：「我不是仲介，我想買房子自己住。」他一面說，一面打量屋況，表現得興致勃勃。老太太也不含糊，直接開始議價，雙方一路談到五百萬成交，廖先生當下便與老太太簽了合約。回到店裡，店長差點暈倒，他說：「人家顏先生要買三百萬的房子，結果你買五百萬的房子，這下子問題更複雜了，你打算怎麼辦？自己住嗎？」

廖先生暗罵自己糊塗，不過他還是試著說服顏先生：「雖然五百萬超出預算，但是絕對物超所值，買了不會後悔。」

顏先生大搖其頭說：「我只要三百萬的房子，你一定要找到，不然的話，我要告你們違約。」

這下可好，不但房子沒著落，還背著一戶新房子。廖先生難得想認真面對人生，卻遇上無解難題，過去逃避的個性又冒了出來，索性什麼都不管，跨上摩托車就環島散心去了。豈料摩托車在半途拋錨，廖先生將車子推進路邊的車行，憋了一肚子委屈，忍不住打電話向媽媽訴苦。他媽媽勸他：「逃避解決不了問題，你一輩子就是心不在焉，很多事情都不在意，上學只想玩，工作也想玩，才會吃那麼多虧。回來吧，好好想辦法解決事情。」

廖先生聽進母親的勸告，修好車後，直奔老太太家，跟她坦承自己根本買不起房子，能不能先交五萬的訂金，然後他幫忙賣給別人。老太太氣得跳腳，直呼訂金至少要五十萬，但是她禁不住廖先生苦苦哀求，最終，終於答應廖先生的條件。她向廖先生要一張五萬元的支票，告訴他：「你去湊五萬塊錢跟我換支票，不然這張支票軋進去一定跳票，你不但信用破產，我還要告你違約。」

為了湊錢，廖先生來到了大千當舖。據他回憶，當天他拿著金項鍊，指定要當五萬，我鑑定完跟他說，這連四萬都當不到，但是脫手能賣五萬，不如拿去賣掉。

他堅持說：「不行，這是我媽媽送的，絕對不能賣，不管怎麼樣，你一定要當我五萬塊錢。」

「當時我怎麼說？」我已經想不起來了。

廖先生笑說：「嘿嘿，你真的夠意思，當了我五萬塊。」

把五萬元現金交給老太太換回支票之後，廖先生就馬不停蹄趕到木柵說服顏先生。他說：「當初你只付一萬訂金，但是我買房子先給了五萬，不如你直接買我的房子，現賺四萬，當初的合約就算了。」

顏先生搖手說：「不行，跟當初說的條件不一樣，我還是要找律師告你們。」

誰知道廖先生雙手一攤說：「這是我最後的辦法了，如果你要告就告吧！不過，你還是跟我去看一眼，你一定會喜歡。」

顏先生認真打量廖先生慷慨就義的神態，心想，反正這個年輕人身上也榨不出什麼油水，嘆了口氣，就答應了他。

兩人到了老太太家，顏先生在屋裡來回穿梭查看，竟然愈看愈滿意，當場決定買下，就這樣，一齣曲折的大戲總算落幕。

雖然廖先生一路在被開除的焦慮中追趕跑跳碰，最後還損失四萬塊，但是就在這一來一往中，彷彿有一把鑰匙轉開了腦中上鎖的觀念，從此思路大開；他發現，世界運行的法則就是你玩我、我玩你，大家玩在一起。只要訂好遊戲規則，不要讓別人蒙受不必要的損失，也不要異想天開想抄捷徑，認真地做好該做的事，成功自然跟隨。

過去個資法還未訂定的時候，有一些專門販賣個人資料的資訊公司，廖先生買了一大批資料之後，便挨家挨戶地拜訪。他訂下目標，規定自己每天保持愉快心情拜訪三位客戶。大量的工作讓他摸索出生意的節奏：先交朋友，再談買賣。再來，過去遊山玩水的經驗讓他蒐集了許多祕境名單，他開始揪團帶客戶出遊，還與各地的里長合作，邀請里民組團，由他免費帶隊。無論是賞鳥、溯溪、美食還是登山，沒有廖先生玩不了的。玩著玩著，他的人脈如滾雪球般愈滾愈大，愈來愈多人知道跟著廖先生一定好玩。

我忍不住問：「按照你的玩法，業績會好嗎？大家出去玩又不會買房子。」

「我先蒐集旅遊地點附近的物件資訊，出發前先辦說明會，告訴大家旅途中會順便看一些房子，想看房的來參加，只想玩的也歡迎。」

剛開始，旅遊範圍僅限國內，例如說，他帶人到日月潭旅遊，玩完以後轉進台中的開發區看房子，他再當場幫大家殺價，或是邀請南部朋友北上遊覽，流程也是類似。他甚至想了新招，在新的社區舉辦旅遊活動，新住戶跟原本的住戶融合在一起。在本島的南北串聯愈玩愈活絡之後，廖先生開始進軍海外房地產。有一回他帶團到東京，整團總共買下十億日幣的房地產；另一次到星馬地區旅遊五天，一行人在新加坡買下兩棟各十層的社區，全新建案瞬間秒殺。還有一次，一位老先生跟著廖先生到澳洲旅遊，一眼看上當地的酒莊，打算賣掉臺灣的房子置產，廖先生神通廣大，一面幫臺灣的房子找買家，一面處理澳洲酒莊購入事宜，兩邊仲介費都賺到手。他的足跡延伸至歐洲、南非等地，只要有房產的地方，廖先生就想盡辦法組團旅遊。

我佩服地說：「哇！難怪你要去看極光，原來是要帶團買房子。怎麼會想出這麼妙的方法？」

「從小我就愛玩，我發現很多漂亮的地方，附近的房地產都沒人要。旅遊是我的興趣，房地產是我的專業，既然如此，乾脆把兩件事情結合在一起。」廖先生說，「透過旅遊，讓人實現新的生活方式。你看，每個出國的人一定都曾對著美景讚嘆說：『美得像明信片一樣，如果我住在這裡該有多好！』以前這句話很不切實際，因為海外置產不容易。可是跟我去玩，真的就可能擁有明信片裡的房產。我幫忙找出當地價格合理的房子，投資自住兩相宜；如果臺灣的房子要脫手，也同樣可以交給我處理，這不是皆大歡喜？」

傳統的房屋仲介每天穿街走巷，努力媒合買賣雙方，週而復始。廖先生雖然神經很大條、做過不少荒唐事，可是他順著愛玩、不按牌理出牌的個性，反而玩出一片全新的世界。他甚至連員工旅遊也獨樹一格，送員工到世界各地參觀最漂亮的房子。口碑傳開以後，人人都知道，廖先生就是玩樂的代名詞，很多人即使不買房子，依然盼著跟他一起去玩。久而久之，一起旅遊過的人只要一想到買賣房產，腦海中立刻蹦出廖先生的模樣。他的成功模式令我深感佩服，一般人的工作與玩樂是被迫分開的，就像我的行業無法一面玩一面鑑定，可是廖先生卻能在傳統老行業中走出專屬自己的道路。他的成功模式不一定能被複製，但是找出自身無可取代的優點、將其發揚光大，就是每個人在高度競爭的社會中邁向出類拔萃的努力方向啊！

神力女超人

「人家說貸款公司吃銅吃鐵，妳居然可以全身而退；有些當舖的背景複雜，妳竟敢一個人去談判。即使我出馬，都沒把握可以什麼利息都不付；從今以後，我們看到妳，一定起立迎接，叫妳一聲『神力女超人』！」

經營當舖的每一天，都在幫人解決問題。有時候問題本身不複雜，傷神的反而是處理細節，不但要顧到客人的面子，更要保護自己。曾經有客人帶了一批字畫來鑑定，經過驗證確認是假的，他說：「既然是假的，你可不可以幫我丟掉？」

我連忙搖頭說：「不行不行，如果我們代勞，萬一有天你跑回來說它是真的，我們怎麼辦？我建議你不要丟，拿回家掛著當裝飾，當作廢物利用。」

「可是會不會有人知道是假畫？」

「你不在上頭寫『假畫』兩個字，誰知道那是假畫？」

自從我開了Facebook帳號，便時常收到交友邀請和問候，當然，被問的問題更是五花八門，從家庭瑣事到尋人啟事，無所不包。

曾有人問：「我的花瓶被我哥哥拿走，應該怎麼拿回來？」我只能老實回答：「我不知道，因為我不清楚你哥住哪裡。」

還有人貼出一批錢幣的照片，請我鑑定總價。我看完以後回覆：「有些值一點錢，其他是假的。估計總值五萬元上下。」

他說：「但是這些錢幣被我朋友拿去了，我應該怎麼拿回來？」

「啊？這是兩件事，你先去跟你朋友拿回來再說。至於怎麼拿回來，我就愛莫能助了。」

所以我收訊息很小心，仔細過濾問題，必要時還得裝忙，以免事情做不完。不過，有一位網友徹底打破了我的原則。

一位素昧平生的林小姐在Facebook傳來一則訊息，劈頭就要求跟我見面。我回她：

「請問有什麼事情？」

「要見面才能說。」

「抱歉，那就不方便了。」

「我只是想請教債務的問題。」

我回說：「法律的問題不是我的強項，您請教律師可能比較快。」

「好吧！以後再說。」

過了一個多月，我在店裡的融資部看到一對男女，女生轉頭看到我，立刻問說：「你是秦老闆？」

「是啊！」

「我在Facebook上說要約你見面卻見不到，今天特地從台南上來，還好遇到你，可不可以打擾幾分鐘？」我聽得一頭霧水，經過她一番自我介紹，我才把她和先前傳訊息的陌生人連在一起。不過，聽完我還是說：「不好意思，法律問題我真的無法回答。」

她說：「其實不算是法律問題，我弟弟跟你的同行有點糾紛，」她指著身旁的男子，「我搞不懂該怎麼辦。」

這可為難了，因為客戶說的僅是一方說詞，如果我們仗義執言，到頭來發現是一場誤會，場面就很難看了。不過因為客人已經找上門了，又不能掃興，我搔搔頭說：「不然，我先聽聽看吧？」林小姐開心地鼓掌說：「好棒喔！秦老闆願意聽我講！」我將姊弟兩人迎到會議室，關上門問：「說吧！到底是什麼問題？」

她說：「我弟弟的汽車被人家開去當鋪換了二十萬，我弟弟沒錢贖，所以車子流當了！」

「沒錢贖當然會流當，還有什麼問題嗎？」我謹慎地問。

她犀利地丟出一句話：「可是我弟弟沒有去，這樣可以當嗎？」

我轉頭問林先生：「你沒去？那麼車子怎麼被開走了？」

她弟弟說：「我朋友跟我借的，我以為他開去辦事，誰知道開進了當鋪。」

「這……你給了他什麼證件嗎？」

「只給他一張行車執照。」我心裡大叫：「不是本人出面不能當啊！」不過，表面上我還是不動聲色，保守地說：「咳，這種情形不可能……呃……幾乎不可能發生，因為不是本人的車，到時候當鋪怎麼求償呢？這樣子有問題。」

林小姐立刻翻出筆記本寫下，我看了心裡有點發毛，於是趕忙說：「欸，可能有一些細節我們沒搞清楚，所以我的說法不見得是對的喔！妳當參考就好。」

她不理會我，繼續問：「現在當鋪天天找我弟弟要錢，甚至還找上我。我沒什麼錢，今天先拿幾樣東西來鑑定，看看值多少錢。」

我說：「雖然當舖不是借給你本人，不過至少沒坑你，所以當舖的問題先放一邊。你的朋友才是始作俑者，應該先把他找出來。至於鑑定，可以請外頭的同仁幫忙。」

事情分析完畢，姊弟倆十分開心，一再道謝。沒多久，還寄了烏魚子給我。我連忙打電話給林小姐說：「謝謝妳的好意，不過以後不要再寄禮物了。」

過了一陣子以後，我的Facebook又出現紅點。是林小姐。她焦急地問：「秦老闆，我弟弟的朋友不出面怎麼辦？我可以到他家去把他找出來嗎？」

「不行喔，恐怕會涉及妨礙自由。還是用正當的方式比較恰當。」

「可是他不接我的電話。」

「這……我也不清楚該怎麼辦。」

沒隔幾天，林小姐帶著另一位男子到店裡，她興奮地跟我打招呼：「秦老闆，就是他把我弟弟的車子當掉！」

「啊？妳不是說找不到嗎？」

「拜託，天底下沒有我找不到的人啦！」她推了推身旁的男子說：「叫秦老闆。」

男子唯唯諾諾地說：「秦老闆你好。」

原來他沒錢還債，腦筋動到林小姐的弟弟身上，終於被林小姐抓到，所以湊了一些珠寶、手錶來變現。我仔細瞧了瞧，這批東西都不值錢，看來於事無補。

我正要離開，林小姐一把抓著我說：「我再耽誤你幾分鐘，問幾個問題就好。」

我還想跟她強調找律師比較專業，不過一看她認真的表情，我明白脫身不易，只好答應。

她問：「現在當舖一天到晚找我要錢，我跟他們說，這輛車我們姊弟倆不要了，叫他們直接賣掉，賣多少都算當舖的，這不是兩不相欠嗎？可是他們講不聽，死活都要我贖回，我該怎麼辦？」

「車子是不是還在貸款？」

「對啊！」

我說：「如果還有貸款就沒辦法過戶，想賣也沒辦法賣，當舖收不到錢，才會一直找你們。最大的可能性是當舖把車子當成權利車賣掉。」

「賣就賣吧！為什麼一直要找我們？」

「賣不了那麼多錢啊！依我看頂多賣十萬，一來一往當舖還是少拿十萬。」

林小姐追問：「秦老闆，依你的想法，最好的解決方案是什麼？」

「這……我不好說。」

「秦老闆，我都已經來了，你直接說吧！」

我沉吟了一會兒，告訴她：「當舖與貸款公司兩邊都沒解決，你們一直逃避，不是辦法。最好的辦法是跟當舖商量，看看能不能少算一點利息，分期攤還。然後妳先贖車，再跟貸款公司商量，看可不可以把車還給貸款公司，再想辦法付錢？不過要記得，行動不要太激烈。」

林小姐點點頭說：「好，我找當舖和貸款公司談一談。」

「等一等，妳一個女生可以嗎？要不要叫妳弟弟自己去談？」

「哼，他簡直是窩囊廢，什麼事都不敢作主，人家找他就嚇個半死，不如我直接出馬。」

林小姐回去後又寄了一箱柚子，我不敢開，趕緊聯絡她：「謝謝妳的好意，只是不要再送東西給我了，我寄還給妳吧！」

「不行！禮物不能用還的。」我不知道怎麼辦，只好把柚子分給同仁。

結果過了幾天，林小姐突然打手機給我說：「秦老闆，我現在在當舖，需要你幫忙。」

我差點沒昏過去，緊張地說：「妳幹嘛打電話給我？這樣子別人會誤會是我幫妳出主意啊！」

「不要擔心，他們都認識你啊！」

「拜託，認識我的人很多啦！妳這樣子我真的很為難。」

「沒關係啦，這個老闆不願意降低利息，你幫我跟他講一下。」

「老闆當然不願意，他在做生意啊！妳自己跟他講，不能找我啦……喂？喂？」

她不管三七二十一，直接把手機給老闆。我硬著頭皮說：「那個……不好意思，我是秦老闆。大家都是同業，林小姐算是我的客戶，她誠心地要解決問題，如果不處理，車價越來越差，到時候貸款公司還要來討車，大家都不方便，你們也蒙受損失，對不對？你們能不能降低一點？讓事情順利解決。」

他沒好氣地說：「拜託，我們已經降了不少，問題是這個女的堅持一毛利息都不付，根本談不下去。」

我心裡一驚，連忙說：「我沒有教她這樣講！我……我跟她說。」

輪到林小姐接電話，我趕緊說：「無論如何，妳多少要付一點利息給人家，什麼都不給太過分了。」

林小姐一副理所當然地說：「我們就沒有錢啊！有錢就付給他啦！」

「妳還是想想辦法，多少付一些比較好談。我話就講到這裡，不要再叫我跟當舖老闆講了，不然人家以為我下指導棋。」

只是，掛了電話不代表事情告一段落。第二天，電話又響了，「秦老闆，我在貸款公司啦！他們的態度很硬，根本不幫我打折。就算我從當舖贖回車子，還要繼續付貸款，兩邊都付錢很傷耶，能不能不要給？」

「貸款公司一定不會讓步啊！如果你們不繼續付錢，連帶保證人也有麻煩，這輛車的連帶保證人是誰？」

「我爸爸。」

「妳看，到時候爸爸也會有事，不如跟貸款公司好好談一談，把車還給人家，看看能不能打折。」

「好主意，你等一下，我找經理跟你說。」

我還來不及反應，話筒傳來一位男性的聲音：「你好，敝姓陳。」

「那個什麼……不好意思，我是秦老闆，這件事跟我沒關係，不是我叫她去的，請你不要誤會。」我搓著額頭說：「現在她已經無力償還貸款，而且車子還在當舖裡，要是她撒手不管，對三方都沒好處。如果她願意把車子還給你們，是不是能夠稍微給她一點優惠？您覺得好不好？」

「可是這個女的太兇了啊！她一來就罵人，說我們一天到晚一直催繳，逼得她要發瘋了，好像付不出錢都是我們的錯……」

我突然開始同情這一位陳經理，「那……那就趕緊解決算了。」

「怎麼解決？」

「你們內部開個會看看可不可以跟她打個折？例如滯納款能免則免，與其你們多了一筆呆帳，不如快刀斬亂麻。不過我先聲明，這只是我的建議，你們自己談的才算數！」

過了近一個月，我的Facebook突然跳出林小姐的訊息：「秦老闆，上次的事情圓滿落幕，我寄了一些台南的特產，收到了以後千萬記得打開吃。感謝你的幫忙，下次我到台北，再專程跟你道謝。」

我忍不住問：「這麼困難的事情，到底怎麼解決？」

原來當初車子當了二十萬，弟弟的損友湊了十萬，林小姐再出十萬，順利贖回車子，還給貸款公司；原本欠貸款公司的二十二萬由她和弟弟分攤。至於積欠當鋪的利息和貸款公司的滯納金，全部一筆勾銷。

「雖然我多出了十五萬，不過，事情總算搞定。」她一派輕鬆地說。

我看得嘖嘖稱奇，由衷地說：「人家說貸款公司吃銅吃鐵，妳居然可以全身而退；有些當舖的背景複雜，妳竟敢一個人去談判。即使我出馬，都沒把握可以什麼利息都不付；從今以後，我們看到妳，一定起立迎接，叫妳一聲『神力女超人』！」

人生的導遊

我向旅行業朋友打聽張小姐的經歷，每一位都盛讚：「她在業界赫赫有名，只要她帶的團，全部都是秒殺。」我心中深感佩服，因為自己在當舖裡浸淫四十多年，深知與人交陪的不易。……走進當舖的人多半處於人生最低潮，要從低谷反彈，需要極大的努力與決心。

過年前，我安排了一趟日本滑雪之旅。剛進桃園機場大廳，花花綠綠的出國人潮嚇了我一大跳；平常提起32K，大家都是長吁短嘆，抱怨時不我予，可是說起吃喝玩樂，感覺人人都肯花錢，誰說臺灣景氣不好呢？沒走幾步，幾位粉絲認出了我，大家開心地合照。等到掛行李時，旁邊一位小姐熱情地跟我打招呼，我瞧她有點眼熟，不過實在想不起名字，八成是在電視節目裡遇過的來賓。我一面辦手續，一面與她閒聊。她姓張，自稱是導遊，今天來接待一個韓國團。我看她說話時熱切的神情，實在不像只有一面之緣，於是我問：「不好意思，我們是不是在哪邊見過？」

她笑瞇瞇地說：「秦老闆，您貴人多忘事，以前我是您的客戶。」

我搔搔頭說：「啊！原來妳是我的客戶，抱歉抱歉。因為很少有人願意提起過去的糗事，所以跟我打招呼的客戶少之又少。」

我又問：「妳是什麼時候到我們這邊來當東西呢？」

原來張小姐二十歲就走入婚姻，夫妻倆分屬不同公司，她每天下班就回家顧孩子，先生工作忙碌，時常加班。到了二十六歲時，先生突然開口要離婚，張小姐這才發現，加班只是先生外遇的掩護，錯愕之餘，連贍養費也沒討，胡亂打包行李便帶著兒子離家。母子二人身無長物，她只好掏出結婚戒指、手錶還有孩子的金項鍊到我的當舖當了五萬元，才免於露宿街頭。

我說：「真的嗎？我完全沒印象。」

她笑著說：「當然是真的，很感謝您當初的幫忙。現在我在旅行社當導遊，我跟您說，我超愛當導遊！」

於是我們聊了起來，看著她講得眉飛色舞，我心中暗想：「一般的導遊淡旺季收入不穩定，當久了都成老油條，而且我的客戶裡面正向、活潑的人少之又少，為什麼我會沒有印象呢？」

可惜入關時間在即，我們無法多談，臨走前兩人交換了Line，說好日後再敘舊。

過了一段時間，我太太提醒我：「上次報的歐洲團準備要出發了，該去旅行社聽一聽行前說明會。」

「還需要聽說明會嗎？帶著行李準時報到不就結了？」

不過太座大人堅持參加，所以我從善如流，帶著筆記本前往旅行社。活動結束後搭電梯下樓，一開門，竟然巧遇張小姐，原來她的公司在同棟六樓。她看到我直呼太巧，一個勁兒地邀我到她的辦公室坐坐。我搖搖手說：「太麻煩妳了，我們下次再約個咖啡廳慢慢聊吧！」

「一點都不麻煩，上次在機場沒時間好好謝謝您。其實當年我離婚後，根本不敢跟親友說，也無心工作，隨便找個理由就辭職。一下子家和收入都沒了，人生跌進谷底，幸虧在您的店裡當到五萬塊，我才能帶著孩子重新開始。我的辦公室就在這一棟的六樓，讓我請您喝一杯咖啡吧！」

我想擇日不如撞日，於是又搭上電梯，到了她的辦公室。我好奇地問：「當初妳怎麼會選擇當導遊呢？」

「其實當初我陷在失婚的情緒裡，只想出國散散心，可是身上沒有閒錢。我靈機一動，如果當上導遊，不就能免費出國了嗎？所以我努力考取導遊執照，順利找到工作，第一次帶團就帶著二十多人到東南亞旅遊。」她喝了一口咖啡說：「奇怪的是，一般旅行團出發以前，老闆會先給導遊全團的餐費與住宿費。不過老闆卻一毛都沒給我，還跟我保證當地的商家會付錢。我不疑有他，興奮地迎接第一次帶團任務。

「第一天的行程很輕鬆，早上跑一個景點，下午到免稅店血拚。我認為買不買全憑個人意願，沒有特別向團員推銷，誰知道全團一毛錢都沒花。當天晚上吃完晚餐，餐廳老闆來結帳，我狐疑地問：『奇怪？不是已經付了嗎？』老闆瞪大雙眼說：『開什麼玩笑？沒人付過錢，你們想白吃白喝嗎？』

「我一問才知道，原來羊毛出在羊身上，餐費和旅行費全靠團員在免稅店消費，要是買得多，店家自然會到餐廳和飯店買單；如果金額太少，就得自求多福。難怪我們離開免稅店時，店家一臉陰沉，我還以為他們度量太小，誰知道輪到全團遭殃。

「可是晚餐已經吃進肚子裡，餐廳老闆堅持現結，我掏光口袋，勉強付清。只是隔天的飯店費用呢？接下來的開銷又上哪兒去生？我焦慮地不敢睡，第二天早上根本吃不下飯，團裡一個好心的老先生關心地問：『張小姐，妳怎麼一副遇到世界末日的樣子？帶我們這一團帶得不開心嗎？』我忍不住哭了，這一哭，其他團員紛紛圍了過來，我沒辦法了，直接告訴大家實話。老先生嚇得大喊：『哇！我們都繳錢了，妳要想辦法啊！』其他團員一聽全傻眼，有的嚷著要退錢、有的破口大罵，我低聲下氣地請大家包容我第一次帶團，只求平安走完剩下的行程。大家面面相覷，總算達成共識，接下來到免稅店多少買一點紀念品，錢不夠的就互相周轉，四天的餐費和住宿費勉強有著落，可是原本四星的飯店硬是縮水成兩星，不是沒熱水，就是空調出問題，餐點比路邊攤還不如。團員怨聲載道，我一路道歉，小費連想都不敢想。好不容易熬完全程，回到臺灣還被老闆罵了一頓，等於出門活受罪。

「處女秀一敗塗地，我開始懷疑自己不適合旅遊業。可是家裡還有一個兒子，不能讓他挨餓。所以我鼓起勇氣再接第二團，這一次我放下身段，對客人百般哀求，拜託團員一定要買東西；對商家好話說盡，暗示這一團的消費能力比較差，請店家無論如何要幫忙付餐費。雖然過程吃住不盡滿意，但是第二團總算圓滿結束。接著一團又一團，慢慢地我學到不少話術和推銷的手段，過了一年左右，團員消費力愈來愈高，不管珊瑚、燕窩或是南洋珠之類的，團員買得毫不手軟，我的抽佣愈拿愈多，終於可以過上好日子了。」

「聽起來很順利啊！後來發生什麼事？」

「後來啊，有一次我帶團去吉隆坡，照例送大家去免稅店大買特買，一位團員喜孜孜地買了燕窩，晚上迫不及待在房間煮起來，誰知道愈煮愈不對勁，仔細一看，說好的燕窩竟是紙漿糊的。團員氣得要我退錢，可是燕窩又不是我賣的，怎麼退呢？那個團員氣得報警，警察找到賣燕窩的廠商，可是對方打死不承認，直說團員試圖陷害，事情愈鬧愈大，最後全團的人跟著起鬨，拿出在免稅店買的所有東西，指著鼻子要我退錢，否則就要告我。排山倒海的怨氣把我嚇傻了，我一面哭一面安撫大家，其實我真的不知道店家賣的東西品質如何，更賠不了這麼多。如果還能用的，將就著用，吃的東西我盡量賠。那一趟不知道怎麼度過的，所有人把我當成壞人，我的眼淚沒有停過。回到臺灣跟老闆訴苦，老闆竟然罵我說：『誰叫妳讓團員在飯店煮燕窩啊？如果他們回臺灣再煮，萬一品質有問題也不關我們的事啊！笨蛋！』我氣得當場跟老闆翻臉，當天就辭職了。」

「遇到這麼大的事，妳怎麼會繼續待在這個行業呢？」

「嘿嘿，還不是因為您的金玉良言。」

「我？我怎麼沒印象呢？」

「您見的人多，當然沒印象。我辭職之後大約一年沒工作，陸續到您的店裡典當了兩次，第二回您問我怎麼又來？我把前因後果說了一遍，您鼓勵我再找一家旅行社重新出發，我說：『可是天下烏鴉一般黑，換到哪一家都差不多。』

「您說：『對，不久前我才辦了一趟東南亞員工旅遊，旅程簡直是拍案驚奇，黑得不透光。可是，如果妳在市場一片削價競爭、剝削客人時，堅持做對的事情，妳就成功了，現在不是危機，反而是妳的轉機。』

「我回家之後反覆思考，其實旅遊業是一個很正向的行業，因為每一位旅人都懷著喜悅的心情出門，若遇到熱情的客人，大家相處起來像好友一般開心，只是我不過是運氣不好，選在不對的公司出道。您的話再次燃起我的信心，所以我到了一間新開的旅行社應徵，面試官問我：『為什麼會來應徵我們公司呢？』我深吸一口氣，堅定地說：『為了要改變旅遊業的風氣。』

「我提出了三不原則：第一，領隊不主動要小費，由公司付錢；因為認真工作還跟團員要小費，感覺矮人一截。第二，不帶團員血拚，如果團員有需要，只推薦最好的。第三，不削價競爭，維持旅遊品質。面試官跟老闆提了我的主張，老闆正想走出一條與眾不同的旅遊路線，雙方一拍即合，所以我順利錄取。」

我聽了驚嘆：「妳太厲害了！竟然能舉一反三！我都沒辦法做出這種反思。可是不帶團員買東西、不收小費，真的能做得起來？」

「反正開始做就對了，我們先辦一個不血拚的蜜月旅遊專案，雖然價格沒有別人便宜，但是旅遊品質包君開心，而且抵達時間訂在早上，飛機一落地就開始玩，省去以往晚上降落浪費一天的弊病。一開始大家多半考量價格，所以客人不多，不過我很用心地對待每一個團員；有一次剛到羅馬競技場，一位團員驚覺皮包和證件被扒了，我想起剛剛看到一個鬼鬼祟祟的外國人在團員身邊出沒，於是到處去找，居然被我找到，扒手看到我拔腿就跑，我立刻追上去，跑了快兩公里才把包包搶回來……」

「什麼？妳竟然敢追上去？妳不怕當地黑道什麼的找妳麻煩嗎？」

「我管不了那麼多，誰叫他惹到我的團員。等我回到團裡，全團歡聲雷動，很多人衝著我喊偶像，那幅畫面我一輩子忘不了。」

「我也要叫妳偶像，這太勇敢了。」

「哎，反正就是多用心。每當看著一對對的新婚夫妻，我常想起自己失敗的婚姻，所以我在向團員介紹風土典故之餘，有時忍不住坦承自己曾忽略了先生，才讓他成為前夫，希望團員引以為戒，鼓勵大家婚後一定要用心經營家庭。慢慢地，蜜月團的口碑愈傳愈廣，現在接團接不完囉！」

「可是資本雄厚的旅行社這麼多，你們怎麼面對同業的競爭呢？」

「這一行的確很競爭，我跟老闆討論過，我們的目標不是做大，而是致力於高檔精緻路線。」她從袋子裡翻出一本筆記本，裡面標註著各色筆記，她說：「我曾經跟公司請假一年，走遍歐洲各大景點的飯店，調查各地的特產，這裡面全是我做的功課，所以每次出團，該搭什麼車？哪裡有祕境？我可以客製最適合團員的行程。你看，我的Line群組大概有一百多個，全是我帶過的團，現在大家都成了好朋友，有事情大家都互相幫忙呢！」

這時，有一位男士走了進來，表示自己正好經過附近，帶個蛋糕上樓送給張小姐。我問：「你參加過張小姐的團嗎？」

他回答：「是啊，三年前我跟太太參加張小姐帶的北歐旅遊團，當時夫妻的關係並不好，張小姐看出我們互動的尷尬，旅途中想方設法地幫助我們，甚至特別挑中一間浪漫的法國餐廳，安排專屬的燭光晚餐，讓我們岌岌可危的關係融冰。如果不是她，我們早就離婚了。所以每次經過附近，我一定會上來謝謝她。」

張小姐與這一位先生聊得手舞足蹈，足見兩人交情匪淺。我不經意間瞥見她手上戴著一只蕭邦的Happy Diamond手錶，回憶突然湧現；當初這一只手錶在典當時功能正常，等到要收進庫房時，分針卻掉了下來，為此我們大傷腦筋，經過她的同意才送修。臨走時，我由衷地說：「改天我一定要參加妳的旅遊團，妳帶的團一定是最棒的。」

事後，我向旅行業朋友打聽張小姐的經歷，每一位都盛讚：「她在業界赫赫有名，只要她帶的團，全部都是秒殺。」我心中深感佩服，因為自己在當舖裡浸淫四十多年，深知與人交陪的不易。要我短時間內熱情地招呼每一個上門的客人，當然不成問題，可是若要說數十年如一日，我可吃不消，除了體力有限，也因為我的心境還不夠正向。走進當舖的人多半處於人生最低潮，要從低谷反彈，需要極大的努力與決心。我看張小姐聊起工作時眼中的光芒，以及整個人散發的熱情，我確信她已經走出過去的陰影，開始將正能量傳遞給每一個團員。她不但是旅行的導遊，也成為每個團員的人生導遊。

手錶風波

一般企業到銀行申請貸款，需要送企劃書、提出不動產抵押，甚至與高層的關係良好與否，都會左右審核的成敗。可是，許多廠商並沒有不動產可押到銀行申請貸款，但他們有大量的貨品，比如珠寶店、鐘錶店、精品店或者貴金屬公司等，他們到銀行往往借不到錢，因此慢慢地改以手續簡便的當舖做為資金鏈的連結。

二、三十年前，進當舖的多半是市井小民。有的人家裡貧困，需要湊學費和房租；有的人經營小買賣，三不五時得繳保證金或是籌貨款。在過去的年代，當舖相當於窮人的提款機。時至今日，為了生活而進出當舖的散客少了，取而代之的是資金周轉頻繁的廠商。很多人感到不解，因為當舖的收費比銀行來得高，若是倚靠當舖調撥資金，一般廠商真的能夠生存嗎？

其實，與銀行相比，當鋪的資金取得容易許多；一般企業到銀行申請貸款，需要送企劃書、提出不動產抵押，甚至與高層的關係良好與否，都會左右審核的成敗。可是，許多廠商並沒有不動產可押到銀行申請貸款，但他們有大量的貨品，比如珠寶店、鐘錶店、精品店或者貴金屬公司等，他們到銀行往往借不到錢，因此慢慢地改以手續簡便的當鋪做為資金鏈的連結。當然，當鋪也順應趨勢，改進了收費與管理方式，有些客戶的新品甚至不進自己的庫房，直接進到當鋪裡，等到生意上門時，再贖一部分商品出貨。帳務管理與倉儲管理一次搞定，對客戶與當鋪來說，均是雙贏。

有一位在鐘錶界頗負盛名的黃先生，他經常到香港、新加坡、瑞士、日內瓦等地標下各種款式的名錶，返台後送至各大鐘錶店寄售。每次採購金額上看兩千萬，每一年的利潤大約一千萬，生意順風順水。唯一的缺點就是資金周轉不易，因為他買錶都是刷卡，可是賣錶沒辦法像賣菜一樣立刻脫手，從鋪貨到收款，起碼花上一兩個月，因此每個月往往光是付信用卡帳單就捉襟見肘。首先，他拿房子抵押貸款，剛開始銀行肯借，但是再借就沒有了。於是他轉向民間借貸，暫時紓緩資金問題。不過，民間借款利息很高，長期下來還是吃不消，最後，他透過Facebook，找上了我。

當我得知民間借貸業者開出的高額利息，立刻知道是錢莊，於是勸黃先生找尋其他的資金鏈，否則長期下來，利潤一定分光。他為難地說：「不行啊，我有一千多萬的手錶還押在錢莊，身上現金也不夠。還是秦老闆你能不能出面幫我拿回來？」

我說：「雖然對方不是當舖，不過我不能擋人財路，實在不方便出面。不如我先借你一筆錢，你一樣一樣地贖回。」

他搖搖頭說：「這樣太慢了，一支錶二十萬上下，一個一個地贖，要贖到什麼時候？不如你直接借我一千萬。」

「不可能！萬一你的錶不拿來，直接溜了，我的錢怎麼辦？」我說：「不如這樣，下一回你出國採購的時候，把新錶當給我，我借你一筆錢，贖回先前抵押的貨，再轉到我這裡，到時候兩筆借款一起算，而且我們以日計息，前前後後你可以省下六成的利息。」

黃先生十分心動，開始著手將先前的貨品轉移到大千。不過，原本錢莊的老闆李先生可就非常不開心了，特地來電約時間拜訪。我也不好意思拒絕，我們便相約在外頭的咖啡廳碰面。平心而論，李先生不是壞人，只是口氣不太友善，他說：「秦老闆，你這個人不夠意思，黃先生原本是我們的好客戶，沒想到你出面當他的金主，是要我們喝西北風嗎？」

我說：「你誤會了，從事當舖業本來就要幫人規劃資金的流動。你看，黃先生的利潤如何，你我都知道，如果他長期到外面調度資金，根本白忙一場。所以他才會跟我聯絡，我能做的，就是減低他的利息負擔。你打電話來，我才知道你是背後的金主，並非惡意搶你的生意，請你不要誤會。」

這麼一來，李先生開始好奇我的生意是怎麼做的。兩人聊一聊，他表示想投資我的生意。我說：「我倒是沒想過要別人投資，一來我沒有資金問題；二來你的放款收益比較高，我的放款收益相對低很多，你可能不會滿意。」

「哎呀！因為你比較懂貨，做生意風險低，我願意調低利率，少收一點。」

我推辭，說要回去考慮考慮，沒隔幾天，李先生又打電話來。他說我的經營理念很正派，他的手上還有很多客戶，因此想跟我合資再開一家當舖。

我說：「我年紀大了，光是現在的兩家店就夠我忙的，也不想再開發新的市場。如果你願意發展，我樂觀其成，還可以提供技術的輔導。」

李先生覺得我有意推託，不開心地掛上電話。事後他找了另外一位開連鎖當舖的朋友跟我聯繫，對方遊說我出來整合，成立一間新的當舖。不過，我知道這一位的背景並不單純，因此我說：「我可以把客戶讓給你們，但是我不會再去參與別人的經營活動，因為我準備要退休了，未來交給你們年輕人奮鬥。」

李先生真的就和別人合夥開了當舖，只是我萬萬沒想到，他竟派人到黃先生的公司，信誓旦旦地說我決定收掉大千，力勸黃先生回頭。黃先生感到很訝異，於是打電話向我求證。我認真地澄清：「放心，我從沒說要收掉大千，即使我退休，經營團隊也會接手。所以，你的手錶依然保管得好好的，絕對不會被坑。到底是誰跟你說我要收店呢？」

接著，我隨即立刻跟李先生聯繫。他理直氣壯地說：「你不是要把客戶讓給我嗎？」

「讓給你沒問題，但是我總不能說：『我不做你的生意了。』對不對？我可以告訴黃先生，原本的金主有意願再跟你合作，你們再談談如何收費，由他自己選擇。如果你一定要這個客戶，只要降低利息，我相信他還是會跟你配合。」

「喔，好吧。那……你跟黃先生說一聲。」

我又好氣又好笑地說：「你們的事情，我不想參與。如果你想開當舖，這行業不容易走，我可以提供技術和經驗讓你參考。可是經營理念的問題，要靠你自己摸索。」

相隔了半年，黃先生再次聯絡我，他說有幾支錶在李先生手中，彼此有些糾紛，李先生不願意還給他。他問我，該如何處理？我連忙說：「你們之間的合約我不清楚，找律師解決才是辦法。」

結束和黃先生的通話後，我一直有種預感，事情最後一定會燒到我頭上，所以搶先打了電話給李先生。他聽了我的詢問，口氣不善地說：「對啊！你想插手嗎？」

「你誤會了，我不想插手，我只建議他請教律師，不要找我，因為法律非我所長。以後你們之間的問題，不要聯想到我。」

「好吧，」他又問：「你有沒有跟他建議什麼？」

「我什麼都沒說，如果黃先生說我提過建議，那是他說的。但是我對你的建議是應該想辦法和平解決。」

「不可能啦！那幾支錶我全都賣掉了。」

我說：「已經賣掉了，也要跟他說實話，避免牽扯不清。上次你要跟我合作，結果沒成，可能心裡對我有一點誤解。不合作不代表我們沒有交情，能合作也不見得可以永遠繼續下去。我只希望你們可以和平解決。」

後續發展我沒有再過問，黃先生不時仍會帶著新錶上門調度資金。後來我得知雙方已走入訴訟程序，為了避免節外生枝，我必須壯士斷腕，於是跟黃先生說：「很抱歉，我必須暫時停止對你的金流管理。萬一對方誤認為我從中作梗，事情就麻煩了。等你們的事情告一段落，我們再合作。」

他問我該如何處理，我說：「我也不清楚。他已經把錶賣了，你告他的勝算未知，如果他惱羞成怒，事情就更複雜了。」

日後，黃先生的友人從Facebook私訊我，表示黃先生被官司搞得焦頭爛額，事業、家庭都烏煙瘴氣，問我能不能幫忙。我立刻表示不能插手。她動之以情，希望我以助人為出發點。

於是我說：「我說個故事：以前有一個農夫走失了一隻雞，他懷疑是鄰居偷的，成天盤問人家，弄得彼此很不愉快。沒隔幾天，鄰居的雞竟跑到他的農地，他認為是老天還他的，於是把雞扣了下來。鄰居認為他侵占，兩個人一言不合打了起來，最後告到官府。由於雞沒寫名字，雙方各執一詞，鬧得不可開交。最後縣官的判決是丟雞的人不要再想雞了，把鄰居的雞還給人家。至於鄰居有沒有偷雞，難以追查，反正沒有損失。不過，雙方為了一點雞毛蒜皮的事驚動到官府，小題大作，各判勞役若干天。後來大家才想到，原來雞是誰的不是重點，而是一直在乎那隻不見的雞，讓生活亂了套。妳可以跟黃先生說說這個故事。」

沒多久，黃先生來電說：「秦老闆，你的意思是我不該再計較了嗎？」

我說：「不是不要計較，而是繼續跟人家纏鬥，對你有沒有好處？沒有好處，就應該主動放棄，繼續往前走，因為你的生意可以愈做愈大。就算虧了那幾支被賣掉的手錶，你也虧不了多少；對方就算賺了錢，也發不了大財。如果繼續糾結，對方很可能採取不理智的手段，損害只會更大。」

黃先生又訴訟半年，最終選擇放棄。事後，他跑來找我說：「以後我的手錶還是放你這裡，因為去找別人借錢，恐怕很難找到一個信得過的對象。」

我說：「你客氣了，好人還是很多，能夠替你服務，就是我的榮幸。但是找錯人沒有關係，誰都會遇到狀況，能大方承認錯誤並且果斷處理，是很重要的。」

日後，我在另一個場合遇到李先生，他掩不住得意地說：「上次黃先生跟我打官司，還不是輸了？想要跟我鬥……」

我說：「其實他不是輸，只是不願意繼續打。我們幫人家保管東西，應該要一諾千金，當初答應是多久，就要保管多久。」

「有啊！但是我怕他還不出錢，所以提早處理……」

「我們開當舖不可能有提前的問題，不管你怕還是不怕，對方信用狀況好不好，都要完成對客人的承諾。」

現在很多的金融陷阱，多半是為了應急，無暇深究還款的細節，才衍生後續的不愉快。黃先生是一位實在的生意人，但是要找到實在的金融資源，除了向銀行貸款以外，民間借款往往存在模糊地帶，隱含不少風險。幾十年來，我一直要求自己能守好本業，讓每一個上門的客人不用擔心，迄今沒有任何糾紛，非常難得。未來退休以後，我也希望我的孩子能秉持我的一貫作風，實實在在地服務好每一個客人。

如果能重來

缺錢只是結果，引發結果的，是理財的心病，而病徵是處理財務問題時引用了錯誤的觀念。

一位年輕的朋友在例行健康檢查後，赫然發現自己已是第三期肺癌。親友得知後都是一陣長吁短嘆，悲觀地認定兇多吉少。不過，最近我們看到他，覺得他氣色紅潤，心情十分正向，他說：「既然遇上了，乾脆勇敢面對。」從得知病情開始，他立刻調整飲食，重拾運動習慣，認真配合治療，雖然已是第三期，但是他堅持做有益的改變，看到他積極求生，也一掃親友心中的陰霾。與此同時，另外一位叱吒風雲的藝人朋友，驚覺自己得了癌症，頓時灰心喪志，鎮日找人陪他喝酒。據陪喝的朋友轉述，一個晚上他能喝光一瓶威士忌，擺明失去求生意志，沒隔多久，就撒手人寰。

遇到生命的關卡時，有人不斷質疑自己、否定自己；與此同時，有人努力尋找逆轉的機會。日積月累的習慣會形成性格，而性格終將決定命運。

在當舖業闖蕩數十載，每天在各種財務疑難雜症中打滾，往往接觸到的都是最現實、最深刻的人間萬象。我常常被邀進社群軟體的群組，其中有些朋友時常發文相當活躍，但某天突然人間蒸發，打聽之下，才知道是理財不善跑路了。缺錢只是結果，引發結果的，是理財的心病，而病徵是處理財務問題時引用了錯誤的觀念。比如說挖東牆補西牆、祈求中樂透等奇蹟，甚至鋌而走險、企圖走偏門求生。這些時候，旁人看了只能乾著急。

有一位在ＩＴ產業裡擔任零件供應商的客戶陳老闆，在土城開工廠發跡之初，兩到三個月便來大千周轉。後來他的生意蒸蒸日上，西進大陸設廠。但是產業競爭激烈，產量夠大才能賺錢；而且更新設備的金額龐大，勞工的薪水也是一大負擔；再者，廠商付款愈拖愈久，導致陳老闆資金調度難度日增。

三年前，一間大規模電子公司無預警關門，陳老闆被倒了三千多萬。種種壓力之下，他草草結束大陸的事業，結算下來，似乎沒賺到什麼錢。

回到臺灣後，陳老闆不知道該做什麼，乾脆在老家土城重操舊業。這下子，我們又回到每兩三個月見面的頻率。有一次，我們在店裡聊天，他感慨地說：「秦老闆，要不是被倒了三千多萬，我早就可以大賺一筆退休享福了。其實我早就覺得對方要倒了，你看，原本是三個月付款，慢慢地變成半年、一年，最後是兩年付款。我本來不想再供貨，可是不生產，工廠就要停工了，只能咬著牙繼續供貨，結果他真的倒了。要是我運氣好一點，現在怎麼可能回到臺灣？」

我想起很多同是台商的客戶，有人意氣風發，有人時不我予，突然我靈光一閃，開口問道：「陳先生，假設時間可以重來，你認為你會成功嗎？」

「當然，我一定會成功啊！很多事情就是敗在當初不知道，如果早知道的話，現在肯定發大財！」他斬釘截鐵地回我。

「可能不一定喔！」

「為什麼不一定？」

「你想想看，那麼多檯面上的企業家，他們不曾經歷重來的階段，照樣功成名就；同時，很多人重來好幾次，卻依然沒成功。難道他們真的不知道嗎？我想，問題不在於知不知道，而是專業知識不足、待人處事不成熟，甚至連人生的目標都不確定等，才會影響關鍵時刻的決策品質。即使從頭來過，還是做出錯誤的決定，導致他們屢戰屢敗。」

「怎麼可能？要是早知道，我絕對會避開。」他搖搖手說。

「偏偏有些事情是你即使知道陷阱所在，還是忍不住踩下去。比如廠商已經出現營運危機，如果重新選擇，你得全盤衡量。舉例來說，你對他是否有信心？廠商的付款狀況是否愈來愈差？如果出問題，你能夠承受的虧損有多少？遇到無法承載的時候，就要壯士斷腕，不再供貨，直到收到貨款為止。萬一抱持著跟命運賭一把的僥倖心理，即使重來十次，你還是要失敗十次。」

當思考方式沒有提升時，面對同樣的轉捩點，絕大多數的人往往根據習慣做出同樣的決策，因此導向相同的命運。陳老闆是如此，許多常上當舖的客戶也有共同的毛病，就像一輩子都忙著修理同一輛車，卻從未想過，是不是應該直接換一部車？或者，是不是該調整駕駛習慣，以免天天在同一條路上拋錨？後來，我跟陳老闆討論：「既然你現在從頭幹起，能不能先盤整一回？」

「怎麼盤整？」

「比方說提升工廠的技術水準，做含金量比較高的生意；再來，過濾手上的客戶，放掉付款拖拖拉拉的客戶，寧可選擇利潤較低、但是付款穩定的客戶；最後，謹慎管理財務風險，有多少的資本就做多少事，好好思考以前沒收回來的呆帳是怎麼發生的，檢討出前因後果之後，把它設定成危險警兆，那麼，未來就能避免重蹈覆轍。」

他點點頭說：「好像很有道理。」

「其實你讓我們賺錢，我們當然歡迎，可是你跑了一輩子當舖，我們有點不好意思，所以我也提供一些意見讓你參考。過去失敗的原因就是太相信自己的思維，必須重新改造，否則，乾脆不要做，最起碼你不用再跑當舖。」

陳老闆的故事跟另位一位客戶張先生很相似，張先生從事國外機具代理，事業龐大，交遊廣闊，是扶輪社的老社友，可謂社會名流。不過，他的公子性好漁色，常常開趴以借機認識小模，刷卡送禮物討女孩子歡心，等到付不出卡費，就向媽媽求救，他媽媽只好偷偷拿精品讓他來大千變現。剛開始，我們看到一個年輕男子拿著熟女風格的首飾，不免起疑心。於是他當場打電話給他媽媽，當她母親親口跟我們確認，我們自然沒話說。等到同仁通知張公子東西快到期了，他倒是蠻不在乎地說：「到期了，你們就賣掉吧！」

「不是你媽媽的嗎？要不要跟她講一聲？」

「不需要，不用聯絡我媽媽。」說完，他就掛了電話。我們不敢通風報信，但是知道一定會出問題，所以到期後仍暫時留著。果不其然，張先生單槍匹馬出現了，他寒著臉說：「秦老闆，你們開當舖也真是的，東西明明不是我兒子的，你們為什麼還讓他當？」

我不知道該怎麼解釋，總不能抖出張夫人知情，扯到家務事總是愈理愈亂，只好說：「那個……東西我們沒賣掉，如果你願意贖，還是贖回去比較好。」於是張先生心不甘情不願地付清款項，東西包一包就走了。

後來，我正巧受邀到他所屬的扶輪社演講，會前，雙方打了照面，彼此頗為尷尬。演講結束以後，他主動邀請我喝咖啡聊一聊。我一入座就說：「上次令公子的事情很抱歉，我真的不知道他是你的兒子。問題是，即使我事先知情，他已滿法定年齡，而且他媽媽也承認東西是她的，我還是會接受典當。幸好到期之後，我們沒有把東西賣掉，不然我們見面就尷尬了。」

張先生餘怒未消地說：「做生意賺錢應該講道理，既然確定不是他的東西，就不該讓他典當。」

「話不是這麼說，如果你開飯店，一個成年人來投宿，可以不讓他住嗎？不行啊！如果你賣汽車，萬一來買車的客人鬼鬼祟祟，你可以問他錢從哪裡來的嗎？不可以啊！因為這不是你的營業範圍該管的事情。好比拿房子到銀行貸款，只要是名字正確，銀行就會貸款，不會過問房子從哪裡弄來的，這是商業模式嘛！你一輩子在商場上打滾，會問顧客說買了以後要幹什麼嗎？那是人家的事情，我們沒有權力打聽人家的隱私。」

張先生默然幾秒，嘆了口氣，才透露這些年來，兒子為了在外頭撐場面，買了好幾輛跑車炫富；因為勾搭小模，弄到女方墮胎；沒錢就找媽媽求救，搞得全家雞飛狗跳。「其實他沒有什麼大奸大惡，只是喜歡跟狐群狗黨混在一起。早知道會變成這樣，當初應該好好教育他。」說著說著，一位商業大亨竟流下了無奈的淚水。

我說：「張先生，就算時間倒流十次，只要教孩子的觀念沒有改變，結果還是不變；要是願意改變觀念，現在開始都不算晚。」

「來不及了，要是二十年前，還有點機會，現在都成年了，我還能怎麼辦？」

「光是後悔無濟於事。你看，每個孩子小時候都單純又可愛，幾乎完美無瑕，為什麼長大以後反而走鐘？關鍵在於大人。因為每一個大人都望子成龍，」我說。「為什麼望子成龍卻不成龍？因為大人只盼望、沒做事，只想看結果、沒有親自付出。甚至有人認為只要讓孩子到最好的學校讀書，就一定可以成為武林奇葩。可是，價值觀不是上了幾個小時的課就學得會的，父母親應該以身作則，手把手地將待人接物、工作態度、與異性相處的觀念，以及家庭的價值觀等教給孩子，從生活中點點滴滴累積正確的觀念。如果要改變，時光不用倒流，現在就可以做了。」

我接著說：「以前，我朋友的兒子愛熱鬧，跟著一票人上酒店，刷卡刷掉不少錢。

我的朋友看到帳單，倒也不生氣，反而跟兒子說：『去酒店沒問題啊！可是出錢的是傻瓜蛋，下次我帶你去，我出錢，我當傻瓜蛋。』父子倆到了酒店，兒子礙於父親在場，扭扭捏捏地放不開，反而是爸爸玩得很盡興。等到回家了以後，我朋友跟兒子說：『你看，全世界的酒店都一樣，這些女孩子不是壞人，但是她們對你好的目的是賺錢，不會跟你玩真的，哪天沒錢了，人家甩都不甩你。風花雪月的快樂之後，只剩下空虛，不如正正當當地找一個真心交往的對象。』

「剛剛你提到兒子的交友狀況令人擔心，你可以建議他，不論是小模也好、明星也罷，送了再名貴的禮物，只能換得一時開心，甚至賠上感情。不如從好朋友開始，先約對方到家裡，跟你們聊聊天，讓她知道家裡有些什麼人，不管對方的背景是什麼，你們都很歡迎。先讓兒子感覺到家裡的支持，慢慢地，他會有所改變。現在開始做都來得及。

「想想看，你兒子到底缺乏什麼？你沒做到的是什麼？既然他已經成年，是不是能彼此坐下來好好溝通？或是父子共同完成一件有意義的事情也好，比如騎車環島一圈，或是全家出遊滑雪，在比較輕鬆的狀況下，父子倆會更清楚彼此的想法。」

張先生沉默了半晌說：「有道理，今年的法蘭克福商展，我應該帶他一起去。」

我說：「你不要帶著他去，應該讓他帶著你去。把所有的規劃和執行交給他，他可能會不熟練或是出錯，你再從旁協助。做得好不好是一回事，可是父子倆攜手完成一件事情，價值無法估計。」

展會結束後，張先生打電話告訴我，兒子的工作表現超乎預期地好，不像一個不學無術的紈褲子弟。偶爾遇到解決不了的困難，由張先生出手處理，兒子才發現父親深藏不露，並非一個有錢的草包，也對父親多了幾分敬佩。

除了恭喜張先生之外，我也鼓勵他多安排父子兩人共同的體驗，在生活的潛移默化中，讓兒子自行調整過去的價值觀。尤其是公益活動，當親眼見到不可逆的困境時，人才會深刻感覺到自己的渺小，感覺到意外與明天何者先來，沒人說得準，也才會更加珍惜已擁有的生活。

不管是事業也好，或是親子關係也罷，人們常常陷入「早知道」的懊悔中。可惜，回到過去不見得能改變命運，但是只要重新調整思考模式，每一分鐘都是改變命運的契機。

阿賢師拍賣

會後我連聲恭喜，阿賢難掩興奮地說：「過幾天我會去台北拜訪您，我有一個計畫，以您的當舖為目標，準備幹掉您。您不會生氣吧？」

民國七十年，我剛剛踏入當舖業，鑑定眼力跟年齡一樣青澀，常常分辨不出客人典當的珠寶是真是假，所以吃虧上當是家常便飯。後來，一位長輩好心告訴我，在延平北路開珠寶店的林老闆是他的朋友，臺灣的哥倫比亞祖母綠就是由他獨家代理，進口珠寶金額是全臺數一數二，建議我只要有機會跟林老闆學到一點鑑定珠寶的功夫，畢生受用不盡。機會不能等，沒等長輩引薦，我就急忙出發。只是以前出入珠寶店的都是有錢人，我一個毛頭小子穿得破破爛爛地闖進去，員工還以為我是擦皮鞋的，所以一連跑了三次，都沒見著林老闆。

長輩看我心誠，特別約了時間，帶我拜訪林老闆。林老闆是標準臺灣生意人，個性嚴格，一不如意就開罵，不過為人很正派。我開口拜託他說：「可不可以給我一個機會幫忙，無論是分類鑽石或珠寶，我都願意幹。」

「我們這邊不缺人，你要來的話，我們不知道給你做什麼工作。」

「拜託，只要有機會學，我做什麼都可以。」

他禁不住我再三地拜託，長輩也在一旁說項，末了，林老闆鬆口說：「這樣好了，你幫我們帶帶客人、倒倒茶，你說好不好？」

雖然跟我的目標不一樣，但是也是一個打入圈內的機會。在大稻埕商圈走動的人多半在下班後逛珠寶店，於是我情商爸爸晚上幫忙顧店，自己跑去珠寶店招呼客人。剛開始，店裡的員工對我略有排斥，原因有二：一是當年的省籍情結未消，店裡以本省人為主，我是外省人，而且台語講得不夠流利；二是我的外表土土的，舉止談吐上不了檯面。不過，我絲毫不以為忤，因為求學時為了在困境中生存，我鍛鍊出一個特殊才能：無論進入哪種陌生的環境，只消幾天，我都能跟大家混熟。好比我以前念桃園高中時，家道中落，中午連便當都沒得吃，好心的學長帶我到他們班上，遞給我一個便當蓋，要求每位同學分我一湯匙的飯菜，從此我再也沒有餓肚子。可是，別人為什麼無緣無故要給我一湯匙？所以我每天幫學長打雜，舉凡買飲料、送情書、甚至要買菸的，統統由我處理。從那時起，我便懂得噓寒問暖，手腳特別勤快。

同樣的道理，到了珠寶店，我就拿出兩腳不沾地的精神，需要跑腿的事情我一手包，將客人伺候得無微不至，連店員交代我的任何瑣事我都幹。林老闆有一個兒子叫阿賢，大約小我十歲，人很聰明，我到珠寶店時，他還在讀中學，有時候他忘了帶東西，老闆娘同樣差我跑一趟。日子一久，我跟大家愈來愈熟，老闆和老闆娘對我另眼相看，開始交付我其他的工作，其中一樣便是數鈔票。

每個禮拜，總有兩三次，我看著店員扛著鼓鼓的麻袋進出庫房，一開始還不曉得裡面是什麼，等到老闆要我幫忙數錢時，才知道裡面是滿滿的現金！我這輩子看過最多的現鈔就是在這間珠寶店了，過去的鈔票最大面額是一百元，每次數鈔票，總金額都破億，得用麻袋才裝得下。剛開始，我數得很慢，不過年輕學習力強，愈數愈熟練，後來變成全店我最快，順便打下辨識假鈔的基礎。

過去沒有GIA（美國寶石學院）學習班，也沒有鑑定課程，珠寶產業的學徒幾乎都找自己人，外人不得其門而入。但是我勤快的工作表現贏得了林老闆的信任，他從如何使用十倍放大鏡、拿鑷子的手勢開始一步一步地教我，帶我分辨價值百萬的寶石內容物有何差異。有了專家引路，自然少走很多冤枉路，我像海綿吸水一般飢渴地吸收一切知識。雖然林老闆的脾氣火爆，稍不如意就翻臉，我好幾次被他罵得差點扭頭就走，但是想到他給我的幫助，還有誠懇踏實的經商風範，心中還是滿懷感激。

前前後後，我在珠寶店學了一兩年，直到後來當舖的生意漸漸起飛，我到珠寶店的次數就減少了，偶爾遇上沒什麼把握的珠寶，才帶過去讓林老闆瞧瞧。他看我沒有專業鑑定器材，有一回，從庫房裡拿出一台壞掉的顯微鏡說：「你試試看能不能修，可以修就不用買新的。」

當年，新的顯微鏡大概要十萬元，我壓根兒買不起，於是花了半年的時間東拆拆西弄弄，竟然還真的讓我修好了。此外，開當舖的前半年，資金就燒光了，我每天東奔西跑地到處借錢，林老闆總是慷慨出借，還跟我談好，萬一寶石流當，優先賣給他，他除了賺到利息錢，轉賣珠寶又能賺一手。我們升級成生意夥伴，愉快地合作了近十年。

可惜他自律甚嚴，長期在高壓下工作，身體漸漸撐不住；又遇上有一批鑽石在香港被偷，損失好幾億，一時憂憤成疾，最後不幸因心臟病去世。珠寶事業由他的公子阿賢接班，只是阿賢的能力不及父親，接班接得不怎麼樣。不過，由於家道太過殷實，光是房產收租都吃喝不盡，所以老闆娘也看得很開，認為阿賢能做就做，不能做就罷。起初，我三不五時會去找老闆娘聊天解悶，後來事業愈來愈忙，而且對方是豪門巨賈，要是被誤認是去借錢也不太好，漸漸地便疏於聯繫，一晃眼十多年就過了。

約莫十年前，我到高雄演講，結束後，一名男子冒出來跟我打招呼說：「秦大哥，好久不見，我是阿賢。」

我搔搔頭說：「阿賢？哪個阿賢啊？」

「我是那個延平北路珠寶店的阿賢啊！」

仔細瞧瞧，他的五官與記憶中的輪廓相符，我開心地說：「哇！真的是你！最近怎麼樣？媽媽好不好？」

「媽媽前一陣子走了。」

「哎呀！這……真是抱歉。你呢？自己接家裡的事業嗎？」

「我現在準備走當鋪這一行。」

「咦？為什麼想開當鋪？」我不解地問。

「因為看你做得風生水起啊！以前你到我家的時候根本是兩手空空，每次都跟我爸借錢，現在看你弄得有聲有色，我覺得開當鋪也不錯。」

我笑著說：「開當舖有些外人看不到的難處，不是這麼簡單啦！」

因為時間匆匆，我們說好日後再聯繫。沒隔多久，阿賢到台北找我，提到準備在高雄開一間走高檔路線的當舖，目標是日本的大黑屋（創立於一九四七年，由典當業起家，現為日本歷史最悠久的寶石、貴重金屬、鐘錶以及品牌包等二手奢侈品收購與販售品牌）。

他講得豪氣干雲，我也大表贊成，他說需要買當舖執照，我就給了他一個電話號碼說：「這位是高雄的同業，也是我的朋友，他會算你便宜一點。」

阿賢愈談愈起勁，但他臨走前，突然說：「秦大哥，其實我的資金不太夠……」

我聽出他的弦外之音，忍不住瞪大了眼睛說：「怎麼可能？你爸爸很有錢耶！光是他在延平北路的幾間房子就值幾億了，加上其他的資產，幾十億身價跑不掉，你怎麼可能缺錢？」

他解釋說：「沒有啦！當然不是完全沒錢，我的意思是，我想做很大，一出手就要嚇死人。」

「那麼，我建議你剛開始不要衝太快，先投個幾千萬做做看，不能做就算了。其實我很羨慕你，即使什麼都不做，光靠祖產，吃三輩子都有剩啊。」

阿賢繼續東拉西扯，最後發現募資無望，訕訕地走了。

沒多久，我收到一張請柬，阿賢真的開了當鋪，邀請我出席剪綵，可惜我當天不在國內。回國後，我特別跑到高雄一探究竟，果然年輕人出手就是氣派，賣場占地近百坪，擺滿香奈兒、HERMES、LV等名牌包，各色珠寶琳瑯滿目，不減當年珠寶世家的氣勢，目測價值數億，我愈逛愈佩服。臨走前，我想跟阿賢打個招呼，工作人員便領我到辦公室門口，阿賢走了出來，請我進去坐一會兒。我瞄見門後辦公室裡十幾個人或站或坐，抽菸抽得雲山霧罩，由面相觀之，都不是簡單人物，若是坐下來，可能節外生枝。於是我祝賀阿賢生意興隆，沒有久留便離開了。

半年過去，阿賢突然邀請我參加他的VIP高爾夫球隊的聚會。裡面的球友包含他的金主和VIP級大客戶，我全部不認識，不過一面打球一面聊天，大家漸漸熟了起來，每個球友講到阿賢都是讚不絕口，誇他生意頭腦好又肯努力。打完球，阿賢作東請大家吃海鮮，席間阿賢把我叫到一邊說：「秦大哥，我最近想辦一個拍賣會，不曉得您能不能指導一下？」

「啊？拍賣會喔！雖然我主持過幾次拍賣，但我不是很懂。拍賣非常專業，你應該要到香港、新加坡或日本參考看看。」阿賢的行動力十足，立即前往海外取經。回來以後，他一刻都沒有浪費，隨即便訂好台南的場地，在媒體上大張旗鼓地宣傳活動訊息，向民眾徵求高價精品。請柬寄到以後，我不好意思推辭，只好前往看看。當天現場人山人海，氣氛火熱，不過，商品看來有點普通。雖然如此，拍賣會場狂熱的氣氛很容易讓人失去理智，熱血上湧的時候，標價十萬的喊到一百萬都有可能。我心想果然是家學淵源，像我這種半路出家的，跟他們經商世家簡直不能比。會後我連聲恭喜，他難掩興奮地說：「過幾天我會去台北拜訪您，我有一個計畫，以您的當舖為目標，準備幹掉您。您不會生氣吧？」

我聽了有點不太舒服，不過我還是說：「為什麼會生氣？能把我幹掉，表示你們比我強，這個我沒話說啊！」

幾天後，阿賢帶了五、六個人到台北，向我說明開店計畫：他要在東區ＳＯＧＯ一帶買下店面，開一間大當舖。我說：「開店很好啊！可是不一定要買，用租的也可以。」

他搖搖頭說：「月租一百五十萬起跳，太不划算，乾脆買一間，反正一、兩億也沒有很多。」我聽了瞠目結舌，這麼大筆的錢都沒看在眼裡，果然是大戶人家。

接著，他開始遊說我：「秦大哥，乾脆我們兩個合作好不好？你買店面，我付租金給你。若是外人買，我不放心，只怕有了糾紛。」

我搖手說：「萬萬不可。一來我沒那麼多錢，二來我買了再租給你，實在很奇怪。況且如果我在東區買店面，馬上就出名了。我還是做自己的事業就好，別算我一份，我精神上支持你。」

任他好說歹說，我的想法不曾動搖，最後他撂下一句話：「好！既然你不肯，至少我跟你說過了，要是以後賺了錢，可別怪我沒找你。」話說完，阿賢就帶著五、六個跟班走了。

一段時日過後，我經過原本阿賢預訂開店的位置，卻沒看到招牌。有一天我回到店裡，同仁遞給我一組電話號碼，表示剛才有一位廖先生典當之後想找我聊兩句，但碰巧我不在。於是我撥電話過去，問他是不是有招呼不周的地方。

廖先生說：「不是，而是想跟你請教其他事情，能不能請你喝咖啡，私下見個面？」

「大家都忙，可不可以電話聊聊就好？」

最後我們說好在大千隔壁的咖啡店碰面。廖先生看起來一臉老實，一坐下來就問：「秦老闆，你認識阿賢師嗎？」

「認識啊！他是我的小老弟。」

「他已經跟我們借不少錢了，借到我們自己跑來當東西。」

「這……怎麼回事呢？」我有點訝異。

「快兩年前，他說未來公司股票要興櫃時，先給了我們這一群投資人約定書，以票面價值而言是一股十塊，未來興櫃就從四十塊起跳。大家看準能翻四倍，而且他說最晚一年內會成功，我們當然投錢，可是等到現在，連個影子都沒有。」

「是嗎？他在南部不是做得挺好的嗎？我不清楚這件事。」

廖先生說：「咦？你沒投資他嗎？」

「沒有耶！」

「不對啊！他說你投資了三億多！」

「天啊！我要是有三億多，現在就退休了。」我啞然失笑。

「唉，原來是假的，上次他還說要在東區買店面，錢募集了也沒買。」

「東區的店面？本來他叫我買，然後租給他，我沒答應這件事。」

「不對啊！當時阿賢找我們集資，說會用你的名字買店面，還說你會寫本票給我們……」

雙方愈理愈亂，阿賢給出的許多說法前後兜不攏，最後廖先生說：「秦老闆，你認識他這麼久，可不可以幫我問問，他準備把我們帶去哪裡？我的錢全部卡在他身上，只能到你這裡典當。」

我為難地說：「他的事業正在敲鑼打鼓，我跑去喝倒采，有點不識相；而且我們的交情沒到那個程度，所以不太適合跟他聊。要是有機會的話，我幫你問問看好了。」

沒隔多久，有一天我去逛花卉博覽會，接到阿賢的來電問：「秦大哥，你在哪裡？」

「我在逛花博。」

「太好了！我正在圓山飯店辦一個大活動，請您務必賞光。」

我心想圓山飯店就在旁邊，逛花博也不是什麼大事情，要是推辭就說不過去了，於是請人載我到圓山飯店。活動現場比跨年還熱鬧，場地分成內外場：外場正舉辦流當品拍賣會，喊價的民眾一個比一個激動，只是拍賣品的品質已不比高雄當舖開幕時。內場正在舉辦興櫃說明會，台上的投資名嘴抓著麥克風，講得口沫橫飛，彷彿這一支股票就是下一支微軟。我還在觀察環境，阿賢興沖沖地跑過來拉著我說：「秦大哥，來來來，幫我們致個詞。」

我連忙推辭：「你的事業成功我當然開心，可是我根本不懂投資，上去要講什麼呢？還是不要吧！」

阿賢死拽活拉，我努力拒絕，正當兩人僵持不下之際，一旁的群眾認出我來，招呼聲此起彼落：「秦老闆，你也來啦？」「您來站台嗎？」「我剛剛買了一個包，能不能幫我看看？」眼見民眾開始聚集，如果他們真以為我來撐場，那就模糊焦點了。於是我設法擠出人潮，沒等人來接，我便趕緊招了一輛計程車逃離現場。

在車上，我驚魂甫定，回想剛剛人氣爆棚的場面，總覺得有點說不出的奇怪。

又過了不到一年，大千當舖徵募銷售人員，來了一位外表體面、口齒伶俐的小姐，履歷上寫著曾任「阿賢師銷售專員」。我好奇地問：「阿賢師的公司應該發展得很好啊！而且履歷上寫著妳已經待了快三年，怎麼會離職呢？」

她說：「賣是賣得很好，可是不知道為什麼，薪水獎金發不出來。」

「啊？怎麼會這樣？」

「我不知道啊！同事也搞不清楚，可是薪水欠了好幾個月，我總不能一直做白工，所以才離開。」

日後陸陸續續聽到阿賢的蜚短流長，由於事不關己，我沒有特別關注，只是感到有點惋惜。有一次，他突然打電話約我吃飯，我們在一間小小的咖啡店碰面。多日未見，看到他時，他整個人都垮了，我見過不少這樣的人，硬撐著長期的壓力，最終不支而變形。他才剛坐下來，眼淚就唰唰地直流。我趕緊找面紙，連聲問他：「別哭，有什麼困難嗎？」

他一面哭，一面說出這些年的人生起落。林老闆過世之後，留下驚人的遺產，如果阿賢老老實實當個寓公，或是順理成章接下珠寶店，即使天天吃喝玩樂，一輩子也仍然享受不盡。可惜阿賢不甘守成，一心想要超越林老闆，一群不正當的朋友覬覦林家的家產，不斷鼓吹他投資以一搏萬的偏門。阿賢野心大，但是運氣不好，家產愈敗愈多，有一回誤信損友，大搞土地投資，一口氣賠了近十億。後來他開當舖，做得還不錯，可是資金全靠私人借貸，年息百分之三十到百分之五十，利息高到還不起。眼看財務缺口大得像黑洞，阿賢異想天開，打算興櫃募資。只是興櫃不是說幹就幹，得經過會計師審核，光是清點帳面庫存，就差點要了阿賢的命，因為當舖裡的許多精品是跟人借來充場面的，查帳時得趕緊變出來，否則會計師不肯簽字。好不容易過了會計師那一關，又發生股東內鬨，這一下，長年辛苦掩飾的把戲全部拆穿，債主紛紛上門要錢。阿賢走投無路，只好找我求救，希望我能幫忙收拾殘局。

我搖搖頭說：「很抱歉，我年紀大了，實在沒有能力和體力去扶正比薩斜塔。不過你還年輕，只要心誠意正，一定會有一條路。現在最重要的是止血。跟所有的股東、債權人明說，過去的方向偏了，現在回到正軌，談妥還款方式，我覺得你還有機會東山再起。你看，你的名氣夠響亮，團隊挺堅強，只要規規矩矩做事，一定可以挽回。當然，兩年內要幹掉我是不可能啦！但是踏踏實實地做個十年，我相信你會超越我。」

阿賢苦著臉說：「唉，秦大哥你不曉得，有一些金主是狠角色，他們沒耐心聽我說。」

「沒耐心也要仔細分析給他們聽，比如優先償還他們的債務。你不要太難過，人生的富貴榮華本是無常，只要下定決心誠懇面對，就算慢慢地還都好，你一定可以度過難關。」

那是我們最後一次見面。過了半年多，開始爆出阿賢的一連串負面新聞，什麼客戶指控被騙錢、寄賣的東西拿不回來等等，剛興起的王國轉眼間垮成斷垣殘壁。

自毀長城的故事在人世間不斷上演，至於王子能不能復仇？只有天知道。大富大貴人人稱羨，這是常理，但要想富可敵國，成功機率微乎其微，除了機緣，更要看人格特質。饒是如此，只要真的腳踏實地，總有一天，還是能耕耘出自己的一方園地，也許不足以炫富或呼風喚雨，但是至少衣食無慮，閒暇時享受涼風拂面，坐擁小橋流水。倘若為了爭名逐利而劍走偏鋒，即使僥倖成功，依然無法長久。就像暴發戶一樣，運勢來了無人能擋，但是內涵不夠，再大的架構也撐不住。我看過不少人起高樓、宴賓客，也看過不少人樓塌了。其實萬事萬物都有規律，有衝勁、敢於顛覆是年輕人的優勢，但是可以顛覆的是固有思想，而非真理。顛覆真理，就是崩塌的開始。阿賢為了籌措資金而興櫃，本非壞事，問題出在過程作假，到後來戲演不下去，神話自然破滅。

朱門恩怨

我依照以前的經驗判斷，拿著名錶上門的客人多半漫天喊價，甚至會開出比牌價還高的金額。我問：「老先生，您要當多少錢？」他伸出一隻手指頭說：「我只要當一千塊！」

一個客戶來到二樓典當櫃檯，拿出一支精緻貴氣的百達翡麗手錶，我仔細檢查，保證書、盒子一應俱全，錶面和鑲鑽全是原裝，市價肯定超過一百萬。有趣的是，保證書上的購買日期已是五年前，手錶卻沒有任何戴過的痕跡。除此之外，還有其他蹊蹺之處：來客的模樣怎麼看都不像是會買名錶的人。我試著問他幾個問題，好比原先在哪裡買的、花了多少錢等等，結果都是一問三不知。既然來路不明，我可不敢收。他有點為難地說：「其實我是司機，是老闆要我來當的。」

「既然是老闆的，就得請他親自來當，贖當時才不會有糾紛。」聽我這麼說，這位客戶就離開了。沒多久，他又回到店裡告訴我：「我們老闆就在店門口的車上，您可不可以到樓下跟他談一談？」

我搖搖手說：「不行，我不知道你老闆是誰，萬一我到了車上，你們把車門一關，開車跑了，我怎麼辦？無論如何，你先打個電話給他，我跟他談一談。」司機拿出電話，恭恭敬敬地跟老闆溝通了許久，才終於把電話遞給我。

我客氣地說：「先生你好，這支手錶十分貴重，必須要本人來典當。」

電話另一頭傳來老人家的聲音：「當個手錶這麼麻煩喔？我也沒有要當很多錢，你幫我處理就好了。」

「話不是這樣講，因為典當有法律規定，必須要本人出現，還要按指紋，才能保障你的權益。」

「還要按指紋喔？那我不當了。」電話那端立刻無聲，司機帶著錶離開了。

過了兩天，同一位司機再次出現，這次帶著一位外表看來正經嚴肅的老先生。原來是因為無論他們到哪一間當舖，大家都照規矩行事，要求按指紋、抄身分證，他們繞了一圈，決定還是交給我處理。不過老先生從進門抱怨就沒停過，一下子嫌手續繁雜，缺乏服務精神；一下子嫌店裡空間太小，待著不舒服。我們畢恭畢敬地站著聽他訓話，終於等到老先生唸完，他才拿出了同一支手錶。我依照以前的經驗判斷，拿著名錶上門的客人多半漫天喊價，甚至會開出比牌價還高的金額。我問：「老先生，您要當多少錢？」

他伸出一隻手指頭說：「我只要當一千塊！」

我愣住了，要知道，利率大概是百分之一點五，當一千塊的利息等於只有十五塊，連打一張當票的本錢都不夠。於是我勸他說：「老先生，別開玩笑了。這支手錶是一百多萬的錶，最起碼可以當到五十萬，其中包含保險費和入庫費。您只當一千？這……這讓我們很為難。當高一點吧！」

無論我們好說歹說，老先生的立場還是八風吹不動，堅持當一千塊。雖然按照法律規定，必要時當舖可以拒當，不過，原因必須合理，譬如物品是贗品、來路不明、索價太高，或者體積太大、庫存空間不足之類，而開價太低並非拒當的理由。老先生吃定這一點，絲毫不讓步，甚至威脅我說：「當十萬或當一千都是我的事情，你憑什麼不當？小心我去派出所告你！」

我好生為難，想起以前寒暑假時，很多學生牽著摩托車來當三百元，開學後再贖回去，簡直把當舖當成停車場。但是這種委屈又沒辦法講，我們討論半天，才勉為其難地同意。

老先生拿著當票，帶著勝利的笑容走出店門口，獨留我百思不得其解，怎麼一位派頭十足的人，行為卻如此離奇？所以他前腳一走，我馬上Google。一查不得了，他是上市建設公司的董事長，兒子擔任總經理，企業經營得有聲有色。雖然我心中充滿疑問，不過老先生是依法典當，我便也沒特別記掛。

一個多月後，同仁跟我說：「老闆，樓下突然跑來一位週刊記者，指名要採訪你。」我嚇壞了，以為自己出事。我下了樓，一面忐忑地回憶最近身邊有什麼不尋常的事情，一面強作鎮定地問記者：「請問發生什麼事？」

記者展示手機上的照片說：「秦老闆，要請您說明一下。某某公司的林董事長說兒子忤逆不孝，送給他的手錶是便宜貨，當舖認定只值一千塊。您看，這是大千的當票，這支手錶真的不值錢嗎？」

我放下心中的大石，認真說明原委：「這一張的確是我們開出的當票，不過是林董事長堅持只當一千塊。我們作生意以客為尊，並非我們認定手錶沒價值啊！」記者回去後，如實報導。怎料隔天林董事長打了電話來罵人，直說手錶當一千塊是事實，又說我干涉他的家務事，不該跟媒體放話云云，我被罵得一頭霧水，怎麼當一支手錶能扯出這麼多事情？直到幾天後，週刊出刊，我才明白林董在意的並非手錶值多少錢。

原來林董的幾個孩子都順應父親的安排，進入家族企業服務，偏偏只有老三對本業不感興趣，一心只想創業開餐廳。當他跟父親提到投身餐飲業的想法時，林董大為光火，認為孩子就應該留在家族裡接班，要是到外頭闖蕩，不知情的人還以為公司快倒了，因此極力反對。只是老三堅持己見，林董一氣之下將他逐出家門。

老三於是自力更生，不拿家裡一毛錢，找朋友合夥在台中開了法式餐廳。他認真苦幹，餐廳佳評如潮，消息傳回家裡，林董卻更是深深不以為然。一想到家大業大的林家人在餐廳裡跟人鞠躬哈腰，老先生的自尊心可受不了。於是他又打了電話給老三，要求他結束餐廳營業，回家上班。可是生意起飛的老三怎麼可能接受呢？林董一氣之下，率領一班家臣幹部浩浩蕩蕩地殺到餐廳，剛好老三不在店裡，林董便指揮一群人盤據各桌，開口要點大碗滷肉飯。餐廳合夥人不清楚林董與老三的關係，只看到一個霸氣十足的老人家怒氣沖天地帶人來鬧事，二話不說立刻報警，接著又通知老闆，說店裡出事了。

等到老三氣急敗壞地趕回餐廳，只見警察、合夥人和客人吵成一團，再仔細一瞧，帶頭踢館的客人正是父親大人，差點沒暈過去。林董當著眾人的面數落老三不孝順，成天在外頭搞有的沒的，一群人鬧了半天不歡而散，原先已經不合的父子關係，更是降至冰點。

等到那一年林董生日的時候，老三知道爸爸喜歡收藏手錶，因此買了支一百多萬的百達翡麗，請太太在林董壽宴時送上，除了祝壽，當然也有破冰的意味。誰知林董一看禮物是老三送的，馬上扔到桌上，表示自己已經沒這個兒子了。眾人陷入一片尷尬，好心的家人將手錶收起來，一擺就是五年。

五年過去了，老三的餐廳生意火熱，連鎖店一直擴張，從台中向北展店，媒體曝光率大增，大家才知道老三與林董的關係。有些人向林董連聲恭喜，卻沒想到又刺傷了林董最難以釋懷的部分。幾十年來，林董在商場和家族裡君臨天下，一聲令下，沒人敢說第二句，如今叛逃的老三卻在外頭做得風生水起，外人的每一句道賀，都猶如對自己莫大的諷刺。舊恨未解、新仇又到，林董甚至懷疑起老三之所以能夠發跡，肯定是從家族企業中偷偷籌措創業資金。因此，他調動人馬，一方面清查公司內部帳務，一方面派人調查餐廳財務，結果當然還是查不出個所以然。

饒是如此，林董仍跟老三下最後通牒：他願意出資買下餐廳，交給別人經營，要老三回到家族企業認分工作。老三當然不肯答應，林董攤牌無效，決定向媒體爆料，破壞老三的名聲，正式跟兒子宣戰。

雖然我無端端被捲入其中，但這怎麼看都是家務事，所以我自己也沒特別放在心上。直到有一天，另一位當事人老三也來到店裡找我。他看起來年輕有為，不過臉上掛著疲憊，他客氣地跟我商量：「秦老闆，我爸爸對外放話說我送他的錶只值一千塊，欺騙他的感情，我覺得很不是滋味，可不可以讓我贖走？」

「你爸爸老謀深算，連我都被坑進去。不過，按規矩要有當票才能贖，你得跟你爸爸拿當票才行。」

「他肯定不會給我。」

「那就沒辦法了。」

他抓抓頭說：「不如這樣，秦老闆能不能開一個記者招待會，向媒體說明這支錶真正的價格呢？順便還原當天的真相，讓我爸爸無話可說？」

「林先生，家務事這樣子搞下去，實在不好看，只會兩敗俱傷，」我嘆了口氣，繼續說：「我的建議是，事情過了就算了，別再跟爸爸斤斤計較。老先生有偏見，你忍讓他一點。而且你做你的餐廳，他開他的建設公司，彼此井水不犯河水，不是很好嗎？你想辦法來贖也好，爸爸出招也好，自家人搞來搞去沒有意義嘛！而且你買的錶到底價格多少不重要，你的心意才是最有價值的。既然已經盡心盡力，就不必執著非得爭個是非對錯。」

年輕的企業家當場流下了眼淚，他說：「我從小受我爸爸的高壓教育，只要我喜歡的，通通不准做。我的哥哥逆來順受，可是我偏偏不想走他安排的路。說真的，他的財產我一點興趣都沒有，沒想到爸爸還是不放過我，甚至不讓家人跟我聯絡。我壓力大到想要一走了之，乾脆去國外發展，省得和我爸爸再有任何瓜葛。」

面對如此難解的家事，我只能勸他說：「別跟老人家嘔氣，再過一段時間，你爸爸會了解你的用心；或者換個方式取得他的認同，說不定他就看開了。」

又過了一段時間，手錶即將到期，我們照慣例通知林董，他隨口問一句：「繳十年利息要多少錢？」我心頭一驚，連忙勸退：「拜託不要啊！你當一千塊，還要我們保管十年？」

「你管我？反正我不想要這支破錶，也不想賣。」

我知道他存心給兒子難看，心裡忍不住嘀咕，這一家怎麼老在枝微末節斤斤計較。但是在電話裡也不知道怎麼勸說，即使請他來店裡聊一聊，他也不願意，最後我只好說：「如果你堅持要繳十年的利息，請親自來一趟。」沒過幾天，仍只有祕書代老闆出面。我挑明了說：「雖然沒有規定不能繳十年的利息，可是我們真的不想介入任何家務事，如果再有媒體或記者追蹤報導，我們會出面澄清，當初是老先生堅持只要一千塊，實際價值超過百萬。至於他與兒子之間的爭執，就交由媒體自行拼湊了。」

祕書歉然說：「其實為了這件事，董事長已經有點歇斯底里，請您再幫幫忙吧！」說完，還是留下十年的利息。

過了一陣子，報紙爆出一樁餐廳負責人自殺未遂的新聞，大意是，企業第二代負責人因財務周轉不靈與家族內鬥，一時想不開跳海自盡，路過民眾伸出援手，誰知道他死意堅決，上岸後二度尋死，幸好最後平安落幕。我一看，這不就是林先生嗎？這下子一定又是一場風波。沒隔幾天，老先生的祕書帶著當票前來，奉命贖回手錶。這一回輪到我出招了，我說：「不好意思，因為您不是典當人本人，得請老先生親自來簽個字，我們才能完成贖當。」

「怎麼這麼麻煩？」

「因為一千塊贖一百萬的錶太特殊了，而且老先生的想法太難捉摸，萬一他一口咬定當票被偷了，我們可吃不消。所以麻煩他老人家走一趟，不然我們沒法安心。」

可是老先生始終沒現身，我們再次通知，接電話的祕書才透露說老先生生病了，無法出門，拜託我帶著手錶跑一趟，他會親自簽名。

我想了想說：「好吧！我破例一次。」

到了林董位居天母的豪宅，舉目所見盡是富麗堂皇，不過原本氣勢凌厲的林董已如同洩了氣的皮球，軟綿綿地躺在電動按摩椅裡，眼神中也看不見鬥志。我拿出手錶和收據說：「林先生，不好意思，請你簽個名。」

他意興闌珊地說：「好啦好啦！歹勢啦！讓你們很為難。」

等他簽完字，我將手錶還給他，也不忘拍照紀錄。沒想到，離開前卻遇到老三本人，我好奇地問他：「手錶已經還給你爸爸了，所以你們和解了嗎？」

他說：「現在我們兩個人暫時沒有任何衝突，不過不能見面，因為他還是會生氣。我這次回來也不是看他，是為了我媽媽。我已經跟我爸談好了，他不會再強迫我做任何事情，我也不要他的財產。」

「這樣也好，不然波及外人也不是辦法。我開當舖開四十多年，沒有碰過像你爸爸這麼難纏的人物。」

「拜託，以前他真的是暴君，現在的他已經溫和太多了。」

「我覺得他已經有一點戰敗的感覺。」

「對，他是戰敗了，因為本來是我敗。」

我見他表情有異，隨口問一句：「你先前跳海，恐怕是表演吧？」

他眨了眨眼說：「你知道就好，別告訴其他人。」

「為什麼要搞這麼大？」

「唉，他告我的餐廳股東詐欺，硬說每一個人都想騙我的錢，股東紛紛退股，餐廳根本無法經營，所以我非跳海不可！現在他的目的達到了，我跳海也沒死，所以我回家，他拿我沒辦法。」

「這麼複雜？你們父子倆是不是前世有什麼仇？」

他老神在在地說：「你放心啦！自古以來，有錢人家裡的怪事特別多，我不要理他就好。對了，我認真地問，那支百達翡麗到底可以當多少錢？」

「當個五六十萬沒問題。」

「他之所以贖回，就是要退給我，」他說：「不過，我根本不想要，看了就心煩。乾脆我再當給你好了？」

我連忙搖手說：「不要！不要！當給誰都可以，千萬不要當給我，我再也不要碰這支手錶了。我還是建議你，留作紀念算了，不要再拿去當。」

很多人會覺得父不慈、子不孝是豪門常見戲碼，常看到他們為了鬥氣，搞出手足相殘、父子反目的人倫鬧劇。外人看得啼笑皆非，心想都已經富得流油了，怎麼還要犯一些傻事？其實無論政商名流或是平民百姓，若家人之間缺乏充分的溝通與信賴基礎，再好的教育環境或生活條件，都不見得能換來一家和樂。雖說血緣是天生註定，但是感情必須後天培養，一家人的相處時間太少，彼此漠不關心，一點一滴累積的歧見無法解決，再緊密的關係都會形同陌路。

每一個人都有不可動搖的價值觀和想法，如果彼此觀念有衝突，試著聊開來，別暗自揣測對方心意；要是溝通無效，也別鑽牛角尖，設法包容差異才是王道。我身邊有許多朋友，即使事業再忙，每年一定排除萬難，帶著家人到處旅遊，一方面體驗人生，一方面增進親子互動，在旅行中了解彼此的想法與喜好，才能讓家庭關係愈經營愈和樂。

第二章

當鋪外的人心恩情

賺錢與賺人（1）

——只要先了解人，接著分析人，最後一定能掌握人。這正是我所渴求的「賺人」的關鍵，錢從人身上來，賺人便能賺錢。

有個做生意的客戶時運不濟，拔下手上的金戒指來周轉。我一看就說：「18K金當不了多少錢，頂多幾千塊錢吧！」

他不甘心地說：「老闆你瞎了眼喔！這是鑽戒。」

我盯著戒指說：「什麼都沒有啊！哪邊有鑽？」

他一把奪過去，將戒指內面轉向我說：「在裡面！」

我一看，還真有一顆一克拉的鑽石。我問：「鑽石不是鑲在外面才亮嗎？順便炫耀一下，為什麼鑽石要鑲在裡面？」

「你不懂啊！放在裡面的叫做『穩鑽』（穩賺）！」

「喔！原來這一招叫穩鑽啊！第一次學到。那麼，你賺到了嗎？」

「還沒啊，不然怎麼會來光顧你？」

我們兩人相視大笑。

在生意場合裡面，為了發財，多少有點迷信，甚至有客戶跟我說：「秦老闆，我的當票尾號要開八啊！」

我笑說：「不可能，現在才開到二啊！不可能先跳到八號。底下還需要六個客戶，我不可能先跳到八號，特別開給你嘛！那萬一我如果到今天結束都沒有開到八號，卻讓你這個八號先插隊的話，時間就不對了，對不對？你本來是今天當的，但你前面的號碼卻是明天當的，那就不對啦！所以我不能跳著給你。」

豈料他說：「我等。」

「你幹嘛等？」

「八就是發，我就是要八。」

「有沒有搞錯啊？」我滿頭霧水，不過瞧他一臉認真，我只能說：「好，那你等吧！」

他老兄真的拿一本雜誌坐下來，時不時抬頭關心：「欸！老闆，幾號啦？」

「別急別急，現在到五號、六號、七號……喂！八號了，換你換你！」我在當票上寫個八，客人歡歡喜喜地接過去，口裡也沒閒著：「哇！這個棒，我就是要這一張！」

我心想：「是當票，又不是發票，拜託一點好不好？」

想發財的心，人皆有之，只是在我的經驗裡，很多人一心只求發財，不知不覺走向歧路。不管是政壇或商場，多少名人為了金錢不擇手段，賣假貨、作假帳、立假合約，最後承諾無法兌現，不只人得罪光了，還喪失了人格和名譽，這還能賺到錢嗎？

小李在首飾加工業當學徒，常常幫老闆拿成品來典當，他頭腦靈活，手腳勤快，走動的次數一多，大家也都熟了。有一年，他跟我說：「秦老闆，我已經找了兩個香港師傅和兩個臺灣師傅，現在要自己開業，以後你要多捧我的場喔！」

看到有衝勁的年輕人創業，我當然鼓勵。我說：「可以呀！如果未來有首飾需要修改，再找你們處理。」

不過，還不到一年的時間，小李就開始來當東西了。我問：「怎麼跟你前老闆一樣來當東西呢？」

他嘆口氣說：「沒辦法，客戶都給支票，我發薪水急著用現金，可是時間沒到，支票沒法兌現，非找你幫忙不可。」

我說：「辛苦了，雖然我多了一個客戶，但是心裡覺得有一點心酸。創業賺錢不容易，我看看有什麼可以幫忙的吧。」

最初幾回，小李帶著一些半成品典當，後來開始出現幾件特別漂亮的祖母綠、藍寶石之類高檔貨，怎麼看都不像他拿得出手的東西。我試探地問：「小李，這一個值幾百萬，應該不是你的吧？」

他拍胸脯說：「你放心啦，都是我進的貨，加工之後要賣的。」

見他信誓旦旦，我還是忍不住提醒：「你要小心，不要拿了客戶的東西來當，萬一還不出來就麻煩了。」

「你放心，沒這一回事。」

結果說沒事就沒事，一說有事，事就來了。沒多久，一個客戶林老闆打電話問我：「秦老闆，請問小李有沒有拿一顆三克拉多的紅寶石到你的店裡？」

我說：「這牽涉到顧客的隱私，我們不能夠透露。既然你問我，我也要問你，幹嘛找這個？」

「我拿了一顆紅寶石給小李鑲，時間到了，他卻推三阻四，一直拿不出來。正巧那天看到他到你店裡，我才懷疑他會不會拿去當。」

「那……我查一查，可是我不能給你答案，因為是客戶隱私，你直接問他就行了。」

一查之下，小李果真當了一顆紅寶石。幾天後，小李來了，我劈頭就問：「小李，這個紅寶石是不是林老闆的？你怎麼拿來典當呢？」

「誰說的啊？」

「林老闆親自打電話告訴我。」

他緊張地說：「你說了沒有？」

「我不能說啊！但是你這麼做是不對的。」

「沒辦法，為了賺錢，只能臨時周轉。」

「賺錢不是理由，如果周轉不靈，去跟人借錢什麼的還可以。可是人家來找你鑲工，你沒經過對方同意，拿別人的東西來賺錢，這是不對的。趕緊贖回去吧！」

「我沒錢贖。」

「這不是開玩笑嗎？不久就會自食惡果的。」

「我……我該怎麼辦？」

「你就實話實說：『不好意思，那一天剛好軋票，我拿你的紅寶石去典當。』你講實話人家肯定不開心，可是至少你面對問題，心裡也沒壓力了。」

話已說至此，小李卻選擇繼續隱瞞，直到紅寶石和其他東西都到期，他的人也不知去向。至於流當品，凡知道原物主是誰的，我們一個個打電話通知。有些物主氣呼呼地說：「秦老闆，當初問你小李是不是來典當，你不告訴我，現在可好，不就更麻煩了？」

我說：「當時東西還屬於他，我不能通風報信，這是商業道德。現在流當了，東西屬於我，沒有隱私的考量，我老實告訴你，是他當的。」

「拜託，還要你說嗎？現在怎麼辦？」

「現在還來得及，你贖回去吧！」

「我豈不是兩面吃虧？」

「哎，最起碼東西拿回去了，不然你的損失更大。」

在物主一片抱怨聲中，七、八件珠寶總算物歸原主，而小李依舊人間蒸發。過了一年多，我到金飾加工廠辦事，只看到一個員工拿著報紙蒙頭大睡，心裡忍不住想著現在的年輕人真不好搞，怎麼公然摸魚呢？我跟老闆使個眼色說：「老闆你看，那個員工上班打混。」

老闆笑說：「他不是在睡覺，是因為認識你，所以不好意思見你。」

「啊？是誰啊？」

老闆喊了一聲說：「小李，過來。」

只見小李遮遮掩掩地從報紙下起身，頭低低地拖著腳步走過來。他左看右看，眼光就是不敢在我臉上多停留。

我打破僵局問他：「小李，你在這邊上班喔？」

小李低聲說：「欸，秦老闆，不好意思啊！上次那件事情……」

「哎呀！那件事情對我哪有什麼不好意思？對別人才不好意思，你應該跟人家講清楚，好好道歉，現在狀況怎麼樣？」

小李依舊低著頭：「哎呀！我知道錯了，可是現在沒有人要相信我了，也沒辦法東山再起。」

遲疑了幾秒，小李嘆了口氣：「唉，現在知道太晚了。」

「也不會來不及，只要你的觀念改變，再誠懇地道歉，實話實說，我相信人家還是會給你一次機會。如果你偷偷摸摸躲著，一輩子沒希望。」

事後，工廠老闆告訴我說：「小李的手工做得好，人挺靈光，但是他太想發財，常常出一些餿主意。其實我很想幫他，卻不曉得從何幫起。」

每一年，當舖總會出現一、兩個像小李這樣的人物，抱著僥倖的心態偷梁換柱，拿著別人的東西來賭來碰運氣。他們只求臨時過關，事後再手忙腳亂地補破網。但是，一旦喪失了別人的信任，當信用歸零，不但賺不到錢，還會因為失去人心，也連同失去一切。人人都想賺錢，但前提是要先賺到人心。試想，要是沒有人，如何能賺錢？常常有人說：「錢有四隻腳（角）。」難道錢真的會跑嗎？其實只要貨真價實，信用良好，自然有錢賺。所以賺錢的「賺」字，除了掙錢，還要掙得人心。

四十多年前我剛開業的時候，資金比小李還窘迫，常常客人上門了，打開抽屜，只搜得出幾百塊，當舖就靠錢賺錢，我卻常常連生意都做不成。所以二十五歲那一年我心灰意冷，幾乎要放棄了，甚至考慮轉行開餐廳、開保養廠、開養雞場，可是我偶然間翻到的書裡寫著：「只要一心一意努力向前，一路走到黑，黎明就在眼前。」文字中唯精唯一的精神深深感動了我，所以我重新立下志向，要做全臺灣第一的當舖達人，一生不改其志。

立志容易，行動難，該怎麼實踐才是要緊事，所以我大量地讀書，試著從前人的智慧中理出頭緒。某一天，我翻到古典名著《水滸傳》，當中第十六回的〈吳用智取生辰綱〉如當頭棒喝，一舉敲醒了我的腦袋。回目用的字不是「騙」，而是「智取」，因為吳用細心研究人的弱點，從而制定一連串的計謀，最終生辰綱手到擒來。因此，只要先了解人，接著分析人，最後一定能掌握人。這正是我所渴求的「賺人」的關鍵，錢從人身上來，賺人便能賺錢。

於是我開始研究人的喜怒哀樂。歷史告訴我，人不會變成神，一定有優點與弱點。因此，我先從左鄰右舍和親戚朋友開始實驗，舉凡認識的，就努力跟他聊天，試著找出對方特點。其中有一位林伯伯是公認的鐵公雞，他曾自誇沒人可以從他身上借到錢。我一聽，暗自立下挑戰書，一定要打破他的傳說。當然了，既然要他拿出錢來，首先就要確定他是有錢不願借，還是真的沒錢可借。所以我時常找他聊天，順路到他家坐坐，在旁敲側擊之下，了解他的經濟狀況穩定，而且喜歡字畫。逢年過節，我就弄來兩張字畫，請書法家提上林伯伯的名字，專程送去給他；又打聽到他愛吃美食，我就時不時提著一些地方特產送上門。滴水穿石，不是水的力量大，而是功夫深，經過一點一滴地努力，林伯伯的態度開始軟化，日後再開口向他借錢，果然成功。

面對每一個人，我會鉅細靡遺地分析對方的個性、喜好和生活細節，例如哪一天生日、女兒嫁到哪裡、最聽誰的話等等。若是好「利」的人，利息便多一點；喜歡「禮」的人，見面時帶幾樣小禮物；重「情」的人，我會與他重視的人保持良好關係。說穿了，祕訣只有四個大字：「投其所好。」在我的印象中，所有金主裡最難借錢的，是一位住永和的長輩，前前後後我總共跑了十五趟，他才終於答應借我五萬元。到後來，他一口氣借了我五百萬。

從五萬到五百萬，這不是奇蹟，而是一個循序漸進的過程。借錢不能等缺錢才開口，要在不缺錢的時候從五萬、十萬的小額借款開始，借了以後馬上給對方支票作為抵押，利息要比銀行更高。假設銀行年利率是百分之六，我直接提供百分之十二，提高大家借錢的意願。更重要的是，比約定期限更早還款，若是二月到期的借款，我會想盡辦法在一月就將錢送給金主。將心比心，若是借錢給別人，心裡總會打鼓：「會不會收不回來？」藉由提早還款，讓金主早點放下心中的大石。因為堅持執行這幾項簡單的原則，我逐步贏得金主的信任，隨著時間過去，全臺灣有超過兩百三十位金主。因為人人都知道，借錢給我，非但不用怕錢沒了，甚至還有不少好處，因此，這群金主成為我發展事業最堅強的後盾。我把這一段過程稱為「賺人」，賺到了信任，資金的借調更加靈活，事業發展自然順利。

所有金主當中，最大的是一位出身基隆的鐵公雞代表，他晚年曾主動拿錢給我，只因兒子、女兒爭產吵得不可開交，老先生看了心煩，乾脆交給我處理。等到我銀彈充沛，拿錢還他時，他竟然搖搖手說：「先不要，等我走了以後，你再幫我分給子女。」

我說：「這太為難了，交給我不好吧！」

老人家瀟灑地說：「就這麼辦，交給你比放在銀行安全。」

早年還有一位借了我兩百萬的長輩，突然決定到大陸定居，晚上八點帶著大批行李找我取錢，準備晚上住在當舖裡，隔天直接搭十點的班機。如果提早通知，我自然可以從容準備，但他冷不防殺過來，我可就為難了，因為當時我手頭上只有五、六十萬現金，銀行又早已關門，隔天上午領錢更加來不及，於是我趕緊聯絡各方金主，七拼八湊之下，三個小時內湊出兩百萬。我將紮成一綑綑的現金綑進長輩的行李中，隔天叫計程車送他到機場。沒想到，不到一個月，他竟然又出現在店裡，兩百萬也原封不動地扛了回來。他說：「我實在過不慣大陸的生活，還是臺灣好，這筆錢再交給你吧！」照理說我原本是不會收的，畢竟前陣子湊齊兩百萬的焦頭爛額還記憶猶新。但是轉念一想，老先生靠著利息過日子，於是我又把兩百萬收回來，繼續付利息。

因此，即使生意愈來愈好，我已經不需資金周轉，但我還是繼續向二十多位老人家借錢，而且利息還是比銀行高。當初是因為這些長輩的信任，幫我度過草創時期一次次的難關，現在他們年紀大了，需要靠利息生活，我總不能因為自己事業茁壯，忘了他們的恩情。

信任得來不易，失去卻是一瞬間。對我而言，一旦對金主與客人許下承諾，死命都要達成。我一輩子沒投資房地產、股票，也從來不自己收藏流當品，因為隨時準備要還錢。如果我胡亂投資，金流卡住，結果還不了錢，豈不失信於人？許多客戶之所以常來買東西和典當，就像跑廚房一樣，正是因為東西的品質和售後服務有保障，典當的收費又低廉，他們很難找得到更放心的店家。

每一個人都想搭上直通富裕的列車，但是只有少數人留意到賺人才是賺錢的基本功。賺人之術就是直指人心，讓人一輩子不離不棄。我曾在《29張當票②：當舖裡特有的人生風景》裡提到，過去士林店的經理因為無法負擔台北高額的房價，每日從基隆七堵租屋處搭火車到台北士林上班，為了讓他能安心打理價值超過兩千萬的店面，我幫他支付買房子的頭期款。從此以後，他工作更賣力，在生存不易的文教區闖出亮眼的成績。日後，他跟我說：「我的人生願望已了，以後您要我去哪裡，我就去哪裡。」如果我只看到短期的利益，就無法留住一位得力同仁。

所以了，要先重視人、賺到人，才會賺到錢，迎來豐盛的美好。寧可自己吞下失敗，則不可失信於人。其實，損失金錢不算真損失；失去一個朋友，會損失一些；失去名譽，則是會損失一切。先賺人，後賺錢。如果本末倒置，下場一定悲哀。

老藝人

在我的客戶中，男性演藝人員多半賭性堅強，對賭博的癡迷程度比起一般人強上一百倍，不是小賭怡情，而是每天必賭，輸了再賭；女性則容易陷入感情陷阱，被什麼假小開、假老闆騙得團團轉。

近幾年電視節目《女人要有錢》、《大尋寶家》等製作單位十分佛心，不時會發資深藝人的通告，邀請許久未見的明星露露臉，讓觀眾朋友重溫昔日偶像的風采。每當製作單位通知我，隔天的來賓是某某明星時，我腦海裡馬上浮現過往他們在電視上迷倒眾生的英姿。尤其是過去老三台時代的八點檔明星，每逢連續劇播出時間，原本大街熱鬧的人潮瞬間竄回建築物裡，一個個擠在電視機前，隨著劇中人的悲歡離合又哭又笑。一想到隔天不但可以訪問年輕時的偶像，甚至還要幫忙鑑寶，我常常興奮得整夜不能睡。

不過，雀躍的情緒往往只維持到見面的那一秒，當本尊出現，我第一時間的反應往往是暗嘆歲月殺豬刀的冷酷無情，尋思對方怎麼和記憶裡唱唱跳跳的偶像差這麼多？接著也才意識到，我已好久沒有端詳鏡中一頭白髮的自己，才會誤以為眾人皆老我獨少。想到這裡，不免暗罵自己糊塗。

等到節目開錄，我喜歡引用一些跟寶物有關的典故，或是分享有趣的人生經驗暖場，再將主題繞回來賓身上，引導他們聊聊過去的輝煌事蹟。每一位談起過去，無不眉飛色舞，渾身泛出異樣的神采，彷彿重回昔日的攝影棚，聚光燈重回身上。

只是一問到洗盡鉛華後的生活，十有八九會期期艾艾，甚至長吁短嘆，搖搖頭表示晚景堪憂。過得不好的比例高得出奇，我著實無法理解，因為即使風光不在，過去賺的錢也早就可以躺著過日子，我不明白，對我們來說猶如天上星星一樣的偶像，怎麼也會落得跟凡夫俗子一樣，被現實為難到無法入睡？

例如，一位演過八點檔男主角的老藝人，在戲劇收視率動輒百分之二三十的三台時代，知名度堪比總統。他帶著兩條金項鍊和一條紅寶石項鍊上節目，金項鍊都有一兩多，紅寶石的價值估計有一、二十萬之譜。我問他首飾都是從哪裡來的，他隨意地說：「都是到各地演出時，觀眾朋友從台下丟上來的。不誇張，首飾撒滿整個舞台，多到要請助理幫忙撿。戒指大概二十幾個、項鍊差不多十幾條，很平常的。」談到全盛時期的榮景，不但製作單位捧在手心、小演員崇拜不已，還有粉絲跑遍全台追車、追住宿，送的禮物一樣比一樣貴。當他說起這些，臉上的笑容漾開，眼角都瞇起了細紋，猶如枯萎的花朵再次綻放，雖然不如過去豔麗，但是重現的光芒照亮了整座攝影棚。

他說，以往到各地作秀一定雇兩輛車，有兩位化妝師、一個助理，還有一個保鑣隨侍在側。從台中、台南再演到高雄場，每一場酬勞一百萬，一箱箱的現金直接倒入後車廂，一天下來，三百萬現金輕鬆入袋。

可是當我問起退居螢光幕後的生活，他卻搖頭說，無論投資房地產還是股票，全部被騙個精光。

我說：「怎麼會？你看起來不像傻瓜。」

他說：「不是我傻，是我運氣不好，專門遇上小人跟壞人。」

我心裡犯嘀咕，怎麼會這麼剛好，全被他碰上？然後他一陣長吁短嘆，說自己離了兩次婚，子女形同陌路，近年還被病魔折騰。

我試著問：「以前搭檔的劇組或演員呢？大家工作了十幾年，應該有革命情感啊！」

他撇撇嘴說：「哎呀！樹倒猢猻散，這些人都很現實，看我不紅了，每一個都跑得不見人影。」說著說著，短暫回魂的天王巨星，又退進了蒼白孤獨的軀殼裡。

如果只是被騙錢也就罷了，可是搞到眾叛親離實在太可憐。日後，我陸續採訪過多位老藝人，才發現晚景淒涼不是個案。好多人長年沒日沒夜地拍戲，生活作息與常人不同，別人在工作時他們睡覺，人家休息時他們開工，慢慢地，就只跟圈內人來往，缺乏社會經驗。嚴重一點的，甚至泡在劇情裡無法抽離，演王爺的自認是王爺，演公主的活脫脫成了公主，養成唯我獨尊的個性，對旁人呼來喝去。當他們落魄時，身旁的人不願忍氣吞聲，自然漸行漸遠。也有人戲散了卻無法回歸現實，想法愈來愈奇妙，例如在錄影現場繪聲繪影地形容與外星人接觸的奇幻旅程，工作人員面面相覷，不知道該怎麼錄下去。

另外，在我的客戶中，男性演藝人員多半賭性堅強，對賭博的癡迷程度比起一般人強上一百倍，不是小賭怡情，而是每天必賭，輸了再賭；女性則容易陷入感情陷阱，被什麼假小開、假老闆騙得團團轉。因為演藝人員相對單純，加上眾星拱月之下，長期活在雲端，雙腳踏不到地，飄飄然地將花言巧語當真，因此成了詐騙集團的最愛，一不小心就人財兩失。曾有一位電影女明星與海外的富豪相戀，最後富豪拐完錢後人間蒸發，只留下一顆鑽石，見證兩人曇花一現的愛情。後來經過我的鑑定，發現連鑽石也是假的，徒留一場惡夢。

我在電視節目裡面所遇到的老藝人，能像知名主持人侯麗芳一樣過著幸福美滿的家庭生活的，實屬罕見。許多人渴望在舞台上發光發熱，不過，能成為閃亮巨星的只有鳳毛麟角，多數人迷航於燈紅酒綠之中，只顧著演出別人的期望，末了成就一場鬧劇。人應該在自己的舞台上努力挖掘自我，演出自己最好的一面，在謝幕之後，依然能保有生命的優雅以及純真的人情，才是賣座又叫好的經典大戲。

後來我才聽說穆教授是史丹佛大學的博士，在國內學術圈中相當有名，沒想到他退而不休，認真地教外傭經濟學，這一對的僱傭關係確實有意思。

老教授

有天我在當舖裡的辦公室看書，經理突然叫我：「老闆，你出來看看，這個客人只有你能接待了。」

我心裡納悶，到底是什麼三頭六臂的人物上門？走到櫃檯一瞧，是一位裹著頭巾的東南亞籍外傭。從裝扮觀之，我猜她是回教徒。再看她雙手捧著一幅字畫的卷軸，這就有一點意思了。我問：「這個是什麼啊？」

「畫。」她的中文帶著一點口音。

「是誰的畫啊？」

「不知道。」

「妳要當多少錢啊？」

「不知道。」

「怎麼都不知道呢？誰叫妳來的啊？」

「喔！是我老闆。」

「妳老闆是誰啊？」

來來回回講了半天，彼此還是無法溝通，我心想乾脆先瞧瞧畫好了。展開一看，竟是溥心畬的〈秋山隱士圖〉，卷面上松樹、楓樹紛陳，涼亭旁邊的岩石上坐著隱士，兀自望向江面。再仔細看，落款、圖章都對，看來是溥心畬的真跡。不過，當時不太可能當很多錢，特別的是題跋上寫著：「退之吾兄，自從北平王府一別匆匆數年……」不對啊？「退之吾兄」是誰啊？難道是韓退之韓愈嗎？這兩位的年代差了可不止千年！我愈想愈糊塗，於是再問她一次說：「妳老闆叫什麼名字啊？」

她指著畫說：「上面有寫！」

「這是韓退之啊！他死很久了，不可能是妳老闆。」

她又搖搖頭說：「不知道。」

語言不通跟網路不通一樣麻煩，我愛莫能助，只好說：「妳收起來，拿回去吧！」

她捲起畫走出門，可是兩個小時後又出現了。她說：「我老闆要跟你講話。」

「他要跟我講話？他在哪裡？我沒有時間啊！」

她遞給我一個大信封，上面印著「國立臺灣師範大學教務處」的字樣，中間一行漂亮的硬筆字寫著：「當舖老闆親啟。」我半信半疑地撕開，裡頭夾著一封短箋，大意是說他是穆教授，派學生來典當溥心畬的一幅水墨，請將十萬塊錢交給她，感謝萬分云云。

文字條理分明，不過按店裡的規矩，不可能這樣做，於是我又打發她回去。

當天晚上，她又出現了，還是說著同一句：「我老闆要跟你講話。」

「唉唷！我跟妳講了不行嘛！」

這一次，她遞上一張尺寸較大的直式名片，印著穆某某教授與電話號碼，要我直接打電話。

我搖搖手說：「我打給他幹嘛？我又不認識他。」

她哀求說：「拜託啦！」

我心想要是不打，肯定沒完沒了，於是抄起電話撥號。沒響兩聲就接通了，我說：

「穆先生你好。我是大千的秦嗣林……」

一個年長又威嚴的聲音打斷我：「我是穆教授。」

「是是是，穆教授，您派您的女傭……」

「不是女傭，她是我的學生。」

「是是是，您的學生來當這幅畫，可是她是外國人……」

「外國人怎麼了？她不是人嗎？外國人不可以當嗎？」

「欸，這個……你這麼一說，法律好像沒規定外國人不能典當……」

「對啊！我是研究法律的，外國人可以當啊！」

「好吧！不過，要當也當不到十萬塊。」

「啊！你們的眼力還真差，你這是怎麼開店的……」

電話那一頭劈哩啪啦罵個不停，我只想趕緊結束話題，於是我說：「你可不可以少一點？」

「你出多少？」

「五萬。」

他又罵了一頓，末了終於說出：「好，五萬也行啦！」

我鬆了一口氣，連忙向她拿護照登記號碼，抄寫時注意到她是印尼籍的，我請同仁點了五萬塊錢，結束她三顧茅廬的一天。

第二天一早，她又來到店裡。我瞪大眼睛說：「又怎麼了？」

「我老闆要跟你講話。」

電話撥通後，我問道：「穆先生，有何指教？」

「我是穆教授。」

「是是是，教授，有什麼事？」

「我告訴你啊，這幅畫要好好地收著，不能被蟲蛀，也不能受潮……」他嘰哩呱啦講個不停，好像全天下只有他知道怎麼保管一樣。我忍不住打斷他說：「我知道我知道，這幅畫不過是普通的畫，沒什麼了不起。」

他一聽，立刻大吼大叫，我順勢把話筒拉遠，等他罵完，電話也掛了。

過了一個多月，這位外傭又來了，開口就是：「我老闆要找你講話。」

「好好好，我打給他。」

電話那一頭的穆教授說：「我現在要把畫贖回，利息是不是多少多少？」

我說：「對，沒錯。」

「好，把畫拿出來，讓我的學生檢查一遍。」

「你的學生懂嗎？」

「我已經教她很久了，她會看。」

我收了錢和當票，取出畫問她：「妳看是不是這幅畫？」

她看了兩眼便說：「對，是這一個。」

我心中佩服不已，問她說：「妳怎麼知道是這一幅？」

她笑著說：「我在背後做記號。」

我翻到畫的背面，還真有一個英文字，我驚呼：「在妳老闆的水墨畫後面寫英文，不怕被打死嗎？」

「我老闆是叫我不要當傻瓜。」

「好好好，算妳厲害，拿回去吧。」

當天稍晚，穆教授客客氣氣地來電話道謝，還說：「台北市當鋪還只有你肯收，當初我的學生跑了十幾家，竟然沒有一家願意收。」

我心裡嘀咕：「要不是你逼著我收，我才不要收哩！」

又隔了好一陣子，我到和平東路三段的川菜館應酬。席間離開包廂上洗手間，經過一張桌子，瞥見一名年輕的外籍女子和一個老頭兒面對面坐著，桌上攤著教科書和字典。咦？那不就是來當水墨畫的外傭嗎？老頭兒看似很認真地在教學，我偷偷瞄了一眼，哇！桌上放著的是經濟學！太認真了吧！

等我從洗手間出來，正好和外傭打了照面，她立刻叫住我說：「欸！老闆！」

老先生站起來說：「喔！你就是那個……」

她連忙介紹：「老闆，他就是當舖老闆。」

我說：「對對對，就是我。」

老先生拉開椅子說：「來來來，請坐。」

「不好意思，我那邊還有應酬。」

他沒理會，硬把我拉下來坐。他拿出一張名片說：「我們是第一次見面，我是穆教授。」

我說：「您別客氣，我已經有您的名片。」

「不！這張不一樣，有我的簽名。」

我從善如流，好奇地問：「穆教授，你幹嘛教外傭經濟學啊？這不是大學課程嗎？」

他正色說：「你不要小看她啊！她可聰明了，是我見過最用功的學生。」

可是經濟學本屬不易，加上語言隔閡更是困難，我懷疑地問：「啊？真的嗎？你怎麼知道她懂不懂？」

穆教授從手提包裡掏出一疊紙說：「不信你瞧，這是我出給她的測驗卷。」

測驗卷上的分數確實不低，我佩服地說：「哇賽！妳都會喔？」

她謙虛地說：「老闆叫我學什麼，我就學什麼。」

我想起上回的水墨畫裡有點玄機猜不透，於是轉頭問穆教授：「我記得畫上寫著什麼退之先生，還有北京王府？請問您跟溥心畬是什麼關係呢？」

穆教授解釋，溥心畬是大清恭親王奕訢的孫子，穆教授在念大學時，曾經在恭親王府住過一陣子，兩人因此相識，他的水墨畫還是溥心畬親自教的，日後出國留學，幾經波折，才輾轉至師範大學任教，直至退休。

他講得起勁，可惜我包廂裡的朋友還在等著，於是藉故告退。後來我才聽說穆教授是史丹佛大學的博士，在國內學術圈中相當有名，沒想到他退而不休，認真地教外傭經濟學，這一對的僱傭關係確實有意思。

過了沒多久，外傭又上門，這一次沒有帶畫，而是拿了一支男錶和一枚金戒指。手錶是勞力士的，年代已久，十分陳舊；戒指是男用K金戒，肯定不是外傭所有，於是我問她：「這是誰的啊？」

「我們老闆的。」

「好，我打個電話給妳的老闆。」

穆教授接了電話，確認兩樣物品的典當均由他授意，我問：「你要多少錢？」

「我先說，那一支勞力士錶買很貴喔！」

「我知道，你先說要當多少錢嘛？」

「兩樣二十萬。」

「哪可能啊？」

「秦老闆你到底懂不懂貨？你仔細看看戒指好嗎？那可是史丹佛大學的畢業紀念戒指，上面的寶石可值錢了，怎麼連這個都瞧不出來……」穆教授愈講愈大聲。

「好好好，我再仔細看看，等一下打給你。」

可是勞力士錶頂多值五千，戒指最多一萬塊錢，這還是K金的價錢，因為上頭的寶石根本是假的。我再次跟穆教授確認，他氣得破口大罵。待氣消了之後，問我能不能借他五萬。

「那可不行，一萬五跟五萬，差三萬五啊！」

穆教授反覆地說手錶是父親送他的珍貴寶物，戒指則是當年拿到史丹佛大學博士學位時，校方致贈的紀念品，這兩樣他視若生命，別說五萬，即使當五百萬他都會贖回。

他說個不停，我只好投降，讓外傭拿了五萬出門。日後，外傭時不時來典當一些常見的金飾，只要跟穆教授確認過，我也不囉嗦，按價付款。直到有一天，穆教授主動來電叮嚀我：「秦老闆，萬一哪天我的家人來問你，你可千萬別承認我當過東西。」

我好奇地問：「為什麼要瞞著家裡？」

他推說怕家人胡思亂想瞎操心，我便回他：「要看狀況啊！萬一人家有證據，我可不能睜眼說瞎話。」

「哎呀，他們不可能有證據。」

「話先講清楚，如果人家有證據，我一定會說實話。」我感到事有蹊蹺，得先堅持立場。

果不其然，幾天後，一位老太太跟一位女士同時上門，張口便問：「請問有一位穆某某老先生是不是來當過東西？」

「請問您是誰啊？」

她說：「我是他太太，旁邊這一位是我女兒。」

「有什麼問題嗎？」

「他這個老糊塗，把家裡東西都拿來當了，我們發現以後，他死不承認，可是孫子親眼看到他帶著東西出門，我們又在家裡找到當票，所以想弄清楚是怎麼回事。」

我沉住氣問：「您真的是他太太嗎？可不可以拿個身分證給我看看？」

她從皮包裡掏出身分證，我一看，果然所言不假，於是我便吐了實，告訴她們穆教授確實來當過哪些東西，夯不啷噹約十幾萬塊，金額不大。我問：「今天你們來，是想代他贖回嗎？」

穆太太搖搖手說：「既然經過您證實就好，我們暫時不贖，我要回去問清楚。」

做生意講究和氣生財，我試著幫忙打圓場說：「畢竟他拿自家的東西來當，要是你們做太太和做女兒的有不同的意見，可以先溝通嘛！總不至於一個完全不承認，一個追根究柢。」

穆太太支支吾吾地沒說什麼，臉色卻是愈來愈嚴峻，只是默默起身，準備離開。出店門之前，她女兒留給我一張名片。兩個人沒走多久，穆教授打電話來，劈頭大罵：「不是告訴過你什麼都別說嗎？怎麼做生意做這麼久，連話都聽不懂了？」

「拜託！你的家人早就知道了，還輪得到我說？要是你缺錢，可以跟家裡講啊？」

一提到家人，彷彿踩到他最敏感的神經，穆教授開始數落太太的不是。我忍不住打斷他說：「你的家務事，我不方便說什麼，但是你太太看起來是明理的人，有話好好說吧！」

老先生「啪」地一聲掛了電話。

我愈想愈覺得麻煩，萬一他再來當，我該怎麼辦？於是按著名片上的電話，打給穆教授的女兒。穆小姐說，如果外傭又到我店裡，請我立刻通知她。我心想也好，至少我不用夾在兩造之間。

沒多久，外傭真的來當一樣小東西，我打電話給穆小姐，她風馳電掣地趕來，一看東西，卻是外傭自己的。想到爸爸鬧出的風波，她還是忍不住唸了外傭幾句，外傭嚇得哭了。我連忙打圓場說：「穆小姐，妳不要嚇她，這個女孩子很懂事、很聽妳爸爸的話。不過，我實在很好奇，朋友都說穆教授很有名望，他怎麼會缺錢跑當鋪呢？」

穆小姐面露難色，緩緩道出家裡事。過往穆教授桃李滿天下，二十幾年前退休後，時不時有學生上門探望恩師，只是隨著年紀增長，行動力日漸退化，學生覺得不方便打擾，所以訪客愈來愈少。昔日名滿天下的大師終究敵不過孤寂，言行愈來愈古怪，在醫師的診斷下，開始服用抗憂鬱的藥物。平日家人都有自己的生活要忙，所以特別找了一個印傭，照料穆教授的生活起居。

外傭工作認真，做人也正直，家人都很放心。只是時間一久，老教授竟把印傭當作自己的學生，不但教她什麼微積分、經濟學和財務管理等，而且無論是訪友或是出遊，到哪裡都帶著她同行。這都不打緊，最讓家人無法接受的，是老教授還要求外傭幫他洗澡。雖然兩人沒有發生什麼踰矩的事情，外傭也不覺得是性騷擾，但是穆小姐覺得難以啟齒，怎麼過去高高在上的父親，老了以後竟做出一連串糊塗事來。

我說：「哎呀！人年紀大了，行為舉止多少有些偏差，人家說老小老小，年紀愈大，舉止愈像孩子。我看妳爸爸的頭腦很清楚，他和外傭就像很要好的師生，說不定他們前世累積了不少緣分。」

又過了一陣子，穆教授典當的東西到期了，考慮到他的脾氣，要是直接跟他聯繫，說不定會覺得我們在催債。正好裡頭有些是穆小姐留在娘家的金飾，於是我就先聯繫了她。她說雖然有些東西是她的，不過都不重要，直接問他爸爸就好，我這才硬著頭皮通知穆教授。他說等收到著作的版稅後便能贖回，不過什麼時候能收到，沒人說得準。

我說：「怎麼辦？我們不能一直等啊！」

「等不了就流當吧！」他豁達地說。

「不行啊！對你來說都是無價之寶，對我們來說，卻都不好處理。你可不可以再想想辦法？」

穆教授表示他會想想看，當天他又來電，說明天上午八點要我帶著東西到瑞安公園，他會準備好現金。

我說：「為什麼你不來店裡啊？」

「我是教授啊！萬一給人家看到我跑當舖，傳出去還有面子嗎？」

「好吧好吧！我的面子比較不重要，我去找你。」

隔天一早，我依約前往，穆教授跟外傭早已坐在涼亭裡，桌上還放著一本《論語》。他比手畫腳，講得頭頭是道，印傭頻頻點頭，我忍不住坐下來聽了一會兒，趁隙問印傭：「妳怎麼會懂中國的文言文？」

她說：「老闆教我，我慢慢聽，其實我聽得不是很懂。」

「能聽得懂一些，一樣很厲害。」

我改問穆教授說：「教授您是不是要把東西贖回去？」

「對！交錢。」他順手拿出一疊現金。我點算無誤之後，就把東西還給他。

穆教授嘆了口氣說：「其實我贖回這些東西還不曉得該交給誰。你看，我的女兒是會計師，學歷也是博士，她不認為我的史丹佛畢業紀念戒有多珍貴；我爸爸送的勞力士手錶，已經破舊得不像樣，只有我覺得貴重，給誰誰都不要，丟了又可惜。」

我忍不住問：「我聽您女兒說，家裡的開銷、外傭的薪水都是她負責處理，按理說您應該不缺錢。我只是好奇，您典當的錢都花在哪裡？」

「唉，其實這個外傭很可憐，家裡面沒房子，所以我弄一點錢讓她匯回家蓋房子，誰叫她是我的學生呢？」

「當您的學生未免太好命了。那麼，贖當的錢是怎麼來的呢？」

「我以前的學生現在都是赫赫有名的人物，隨便打幾通電話，學生就會給我送錢，要十萬、二十萬、三十萬，還是五十萬都不成問題，我的學生有的是，只是我不願意。既然這次要贖當，那我就打吧，錢不是馬上送來了嗎？」

穆教授話匣子一開，又發起牢騷：「哼，我退休以後，以前我看不上的人竟然開始瞧不起我，還好這個外傭很好，就像撿到一個學生。你看，我的學生幫我洗澡，我女兒還會有意見。」

「拜託，當然有意見啦！就算是外傭，也沒責任幫你洗澡。」

「為什麼沒有？我就是因為年紀大了行動不便，才會請外傭，她幫我洗澡合情合理啊！而且她洗澡洗得很細心，讓我彷彿回到小時候媽媽幫我洗澡的感覺。」

「喔！原來是這樣的心情。」我恍然大悟。

「不然你覺得是什麼事情？」

我趕緊搖搖手說：「我不知道，什麼都沒有。」

他繼續往下，說著自己退休以後不但失去了唯一的舞台，太太也忙著參加各式各樣的社團活動，兩人的生活早已沒有交集。自從遇到印傭以後，彷彿重拾以往教書的樂趣，而且教的還是一對一的外籍生私塾，格外有成就感。

我說：「穆教授，日子當然要過得開心，不過你對外傭這麼好，是不是先抽點時間跟家人溝通溝通？」

「唉，我實在很不願意花時間多費唇舌，反正我就把她當成學生，又像是我的女兒，反正大家有緣，我開心就好。不說了，我待會兒還有事，下回再聊。」穆教授一面起身，一面跟外傭說起《論語》中的「學而時習之，不亦說乎」，外傭問他，為什麼以前的人講話跟現在的人不一樣？「我說給妳聽，以前人啊……」兩人的背影伴著穆教授解說的聲音，逐漸遠去。

最後一次見到外傭，不是來典當東西，而是來贖她自己的物品。我問她說：「妳有錢喔？」

她搖搖頭說：「我已經做了三年，我要回印尼了。」

「妳老闆怎麼辦？」

「老闆再找一個女傭。」

「妳捨得嗎？老闆對妳很好。」

「我知道，但是我家需要我幫忙，」她留一串電話給我說：「如果老闆有什麼問題，請你跟我講。」

我笑說：「我沒事去問教授好不好，怪怪的，不方便啦！妳倒是可以常常打電話給他。」

她頓了一下說：「如果我打電話，被其他人接到，他們會不高興。」

我安慰她說：「妳不要這樣子想，妳老闆對妳是一顆很純真的心，他沒有胡思亂想，我想妳也不會胡思亂想，所以妳打電話問他好不好，家裡人都會接受啦！」

事後我也曾猜想，也許印傭感念穆教授對她的照顧，為了避免流言蜚語干擾老闆的生活，所以才選擇離開。

一個人曾經在人生戰場上翻雲覆雨，但是走到人生的末端，當絢爛歸於平淡時，圖的是什麼？名嗎？利嗎？什麼都沒有，只剩下自己心裡最單純的掛念。有人反璞歸真，心無雜念，只想過自己的日子。很多八、九十歲的人，行為舉止愈來愈像小男孩或者小女孩，因為他們的想法回歸單純，不再活在他人眼中。穆教授退休以後，因為一個異鄉人的出現，慢慢地找回年輕時教學的熱忱，再次擁有被需要的感覺，以及揮灑自我的機會，在外人眼中，可能略顯奇怪，但是穆教授心裡卻是格外享受。

也許還有人想拖著疲憊的身軀爭名奪利，但有些人則選擇斷了與外界的聯繫，活在自己的世界中，這未嘗不是一種幸福！因為他再也不用煩惱外界的聲音。至於別人願不願意接受、能不能配合，都與他無關。在他人眼中，也許是退化的狀態，甚至是失智的表現，但我覺得他只是不願意再與世間紛擾攪和在一起，這也是繁花開盡、歸於平淡的一種單純的美。

遠颺

老楊熟練地點了煤油燈，拉開一扇鐵欄杆，指著前方說：「這是火化爐。今天晚上我們要把爐子弄乾淨，準備好油，再到底下的碉堡接電。」

天啊，原來這是燒死人的地方！我全身汗毛直豎，問他：「老楊啊！你燒過多少個死人啊？」

民國六十八年，我在東引島的士官隊服役，三個半月後調到反共救國軍的參謀本部擔任文職參謀，主要工作只有一項：接受密告。島上設立了一個士官兵投訴信箱，每天早上我負責整理投訴文件，向上校參謀長彙報，島上有一半的人知道我是投訴信箱的主筆，所以大家都很尊重我。我底下還管了四個士官；第一個是《東湧日報》的編輯，雖說是日報，實際上常常變成週刊或是雙週刊；第二個是東引酒廠的廠長；第三個是東引電影院的老士官，專司放電影；最後一個是楊士官，他平日住在參謀部裡，沒有所屬單位。

在參謀本部的日子特別愜意，我閒著沒事就到東湧日報社跟士官打屁聊天，偶爾寫幾篇反共文章；或是跑去東引酒廠喝個小酒，每逢指揮部有長官視察，我們負責準備一罐罐的好酒當伴手禮，順便幫自己倒滿一茶壺，帶回寢室慢慢品嘗；要是放電影的士官休假時，我幫他代班，人人各司其職。惟獨楊士官，整天晃來晃去，偶爾掃掃地，其他什麼事都不幹，晚上跟大家一起喝酒打屁，大家都喊他老楊。參謀長沒提過他的工作是什麼，他本人也沒告訴過我，我猜想，他應該是單位裡的工友。

當年東引島和西引島的阿兵哥生活單純而辛苦，每天忙著打坑道；東引島以大型機具鑽打飛彈基地，西引島的砲陣地是全靠人力挖掘，風險高得驚人。打坑道第一步是在五公尺乘五公尺的面積以空壓機鑽十個兩公尺深的洞，在洞裡裝火藥、填黏土、拉引線，接著引爆，炸完之後以鐵畚箕清運滿坑的碎石。同樣的流程不斷重覆，一步步鑽出坑道。

剛開始的五十公尺還算容易，點燃引信後，大家跑出坑道，等炸完了再進洞施工。超過五十米以後得換個方式，因為還沒跑出坑道，引信就燒完了，所以得在坑道兩側另外挖出避彈坑，讓阿兵哥躲在裡面。牽扯到鑽孔和炸藥，意外便特別多：爆炸前來不及跑；清運時被落石砸中；還有前一次的炸藥沒爆完，空壓機一鑽再次引爆；甚至因為坑道太深、空氣不流通導致一氧化碳中毒，非死即傷，意外時有所聞。也因如此，早年很多人當兵抽到外島，全家便哭得死去活來，深怕天人永隔。

有一天傍晚，閒閒沒事的老楊莫名其妙地對我說：「班長，我們得幹活了。」

我不解地問：「幹什麼活？」

「今天早上西引島打坑道鑽到殘留的火藥，負責空壓機的三個組員還有一個班長全掛了。」

我大吃一驚，怎麼就這樣突然死了四個人？不過人已經走了，我們又不是軍醫，要幹什麼活？難道在《東湧日報》刊登悼文嗎？不可能啊！要是見報會打擊士氣的。

老楊說：「不是不是，我們要處理屍體。」

我一聽更傻眼，趕緊跑去找主任確認，我連忙問他：「報告主任，老楊叫我一起去處理屍體，這是我的工作嗎？」

單位出人命，大家都忙得焦頭爛額，他不耐煩地說：「是你的工作啊！你不是管四個人嗎？這四個人的事情都是你的事。」我這才曉得，原來老楊不是沒事幹，是他幹的事情沒人肯幹。處理屍體欸！要怎麼辦？

驚慌失措之間，我想起在士官隊受訓的往事。當時隔壁床睡著一位小沈，結訓後一個多禮拜，某天早上，我正帶著全連打莒拳，突然從懸崖邊上走出四個人，其中一個捧著一張大頭照，另一位拿一個罐子，我本來要繼續喊口令，定睛一看，不對啊！照片上的是小沈！我喊住他們問說：「欸欸欸，你等一下，這一個是我同學，他怎麼了？」

「他死了。」

「什麼？他怎麼死的？我們才結訓耶！」

「晚上他當安全士官，走路沒看清楚，不小心掉下懸崖摔死的。」

「那……怎麼變骨灰了？」

「我們把他燒了。」

那時候我就納悶，東引島有什麼可以燒屍體的地方？經過主任一講，我突然想起來，於是我問：「主任，屍體都怎麼處理呀？」

「燒啦！」

「不是船運回去嗎？」

「你怎麼知道船什麼時候來？指揮部沒有冰箱，屍體會臭的，所以都是燒了。你今天出發，明天要處理好。」

我差點昏倒，可是軍令難違，只好認命地跟老楊搭上憲兵車，搖搖晃晃到了一座小小的峽灣。海面上漁火萬盞，天邊猶有一抹晚霞，比起度假勝地毫不遜色。老楊領我到一間不起眼的水泥建築門口，他剛開門，一股濃稠的怪味撲面而來，我整個人像被電擊一樣，三魂七魄去了一半。屋裡一片幽暗，沒有電燈，老楊熟練地點了煤油燈，拉開一扇鐵欄杆，指著前方說：「這是火化爐。今天晚上我們要把爐子弄乾淨，準備好油，再到底下的碉堡接電。」

天啊，原來這是燒死人的地方！我全身汗毛直豎，問他：「老楊啊！你燒過多少個死人啊？」

「不多啦！大概一、兩百。」

「哇！你都不會害怕？」

「有什麼好怕的？」

「這……好吧好吧！可是這裡太暗了，為什麼不先接電？」

「如果接電還開燈，容易被老共當作空襲的目標。反正平常沒人住，要用電再自己拉就得了。」

老楊嘩啦嘩啦地從火化爐拉出一張鐵床，我們就著昏黃的煤油燈打掃鐵床上的灰，我遲疑地問老楊說：「這會不會是骨灰？」

「放心啦！骨灰已經掃過了，這是好幾個月來累積的灰塵。」

我們兩個人一路整理到晚上十一點多，老楊指著旁邊的鐵床說：「欸！班長，我們睡這裡好了。」

我拚命搖頭說：「這個地方我不能睡喔！我們回參謀本部啊！」

「現在沒法派車啦！不然你自己走回去，明早再過來。來回要一個半小時，而且是山路，你考慮考慮啊，反正我是要睡這裡。」

「唉，你怎麼不先講清楚？」我急中生智，想到一個方法：「明天早上不是要去下面的部隊接電嗎？不如我們先過去跟他們擠一下。」

「行。」

於是我們往下走了兩百公尺左右，在一個碉堡裡湊合了一晚，隔天一早把電拉到火葬室。

老楊拍拍雙手說：「好，我們去接屍體。」

我們從南澳碼頭搭上登陸艇，迎著海風前往西引島。我心裡直打鼓，怎麼當兵當到要接屍體？這好像不是我們該幹的事。可是我看老楊一派輕鬆，好像家常便飯。

不多時，船靠岸了，碼頭邊的一戶民宅地上躺著四位同袍，連屍袋都沒有，從頭到腳罩著打坑道殘留的石粉，每一具都白得好不真實，跟殭屍片的妝容極其相似，就像平日打坑道躺在地上午休的模樣。看著看著，反倒沒那麼害怕了。

軍事檢察官和部隊的輔導長在一旁等候多時，老楊對我說：「班長，你交接吧！」

「我交接？」

「對啊！你是長官，你交接啊！」

他們遞給我一張名單，註明四位的姓名和單位，問我四個人的身分對不對。

我一個都不認識，認也沒辦法認，但反正人不可能裝死嘛！我只能趕緊簽名趕緊說：「對對對。」

他們走了，我問老楊說：「這怎麼辦？」

「抬啊！」

老楊借了一輛當地老百姓的板車，將屍體一具具抬上去，我們合力推到碼頭，我衝著駕船的人還有在船上綁纜繩的人喊：「喂！你們來幫忙！」

他們往後退一步說：「不不不！我們才不要。」

碼頭旁的一位老人幫著我們把同袍送上船，我腳邊還有一大袋四人的遺物，我仔細看了看剛剛簽收的名單，唉，年紀都跟我差不多。他們的父母在哪裡？家人會怎麼想？好好的年輕人死在一個鳥不生蛋的地方？我心裡不由得一陣感傷。

回到南澳碼頭，竟然沒有一個單位願意借車來載死人，我急得說：「這四個不是外人，都是我們自己弟兄，你們有一點良心吧！」好不容易跟一個運輸單位弄來一輛車，四個人墊著水泥袋，隨著我們搖搖晃晃。老楊似乎心情不錯，哼起老家雲南的小曲，剛開始聽沒什麼，後來愈聽愈悲涼，似乎是一首悼亡歌，唱得我毛骨悚然，我連忙阻止他。

下午抵達火葬室，老楊說應該先拜一拜四位弟兄，我想這也合情合理，「但是拜之前，要給他們換換衣服。」老楊說。

「怎麼換？」

「就去下面的部隊拿新的軍服來換啊。」

「誰換？」

他指著我說：「我們兩個換。」

我吞了一口口水說：「我先看你怎麼做，跟你學好不好？」

「行，換衣服前，先幫他們洗洗澡。」

我們開車弄來四套不知道尺寸的新軍服，另外運了兩大桶的水。老楊說：「沒辦法把他們丟進去洗，替他們擦乾淨就好，我們一人洗一個，來！你從左邊，我從右邊。」

我們先把四位抬上離地二十公分高的鐵網床，老楊熟練地把其中一位的衣服脫了，舀水洗頭，擦身體，翻身，把脫糞清乾淨。我一面瞧，一面依樣畫葫蘆。過不多時，原本四具渾身石粉的屍體恢復了本來的面貌，赤條條地等待海風吹乾身子。我看著他們年輕的模樣，原本大好前程頓時化為泡影，忍不住感嘆：「老楊啊！這麼年輕就死了，好可惜！」

「比他們年輕的我都看過，死了就死了，希望他們能夠往生西方極樂。」

「有道理，你要幫他們唸經嗎？」

「我不曉得怎麼唸，反正燒的時候喊一聲，叫他們往生極樂就行了。」

眼看著身體終於都吹乾了，我倆開始幫他們穿衣服。因為全身都早已僵硬了，穿衣服得反著穿，好不容易我們兩個人七手八腳地幫四位穿好衣服，一個個帽子戴正，讓他們在火葬室裡並排躺好，事情才暫告段落。我累得癱坐在一旁，想到我待的工兵營打坑道沒有死半個人，前一天在西引島領屍體時，對方竟說今年他們已經犧牲好幾個了，心中感傷與慶幸交雜，眼淚不自覺地流了下來。

眼看天色已黑，要燒屍體已經太晚了，我們講好等隔天早上軍事檢察官來了再處理。老楊說：「班長，晚上你也別睡了，咱倆喝酒聊天吧！」

「好啊。」雖然忙了一整天，累個半死，但是老楊跟我都沒心情吃飯，而且毫無睡意。老楊拿出一大壺風濕藥酒，斟滿兩杯，在四位弟兄的陪伴下，你一杯我一杯，我們就天南地北地聊開了。

我問他說：「老楊，你怎麼會來當兵啊？」

「我七、八歲就成了孤兒，跟著軍閥當兵混口飯吃，然後一直跟著國軍走，走著走著就到了馬祖。」

「那，你又怎麼會幹處理屍體的活？」

「以前打仗，天天死人，打完仗要有人挖坑埋屍體，以前還有另一個人跟我一起。我告訴你，我們一個晚上可以挖一個大坑，一口氣埋四十個人。」

「哇！四十個？我從你身上能看到多少冤魂啊？」

他不以為意地說：「他們才不會冤我，不是我害死他們，是戰爭讓他們死了。」

「老楊，你有沒有家？」

「沒有。」

「這樣很可憐啊！」

「沒辦法，我吃狗肉，又喜歡喝酒，五十多歲的一個老頭，誰願意嫁給我？」

晚風徐徐，我喝得微醺，看著遠方的夜色說：「老楊，如果在這裡蓋一間別墅或是旅館什麼的，一定很掙錢。你看，有海灣、有草原，視野一片廣闊，多舒服啊！」

他點頭說：「這裡本來就是一個好地方，不知道是誰選在這裡蓋火葬室，我常常在本部看完電視，自己一個人走過來睡一晚上。你要是喜歡，以後你也來。」

雖然我喝了酒，但是意識還清楚，連忙搖手說：「你住吧！我才不要來。對了，明天怎麼弄？」

「油準備好了，鼓風機也準備好了，等軍事檢察官來監督，我們把他們輪流推進去燒。門上有個小洞，可以看到燒得怎麼樣。燒完了，把鐵床拉出來，骨灰弄一弄，再換下一個，簡單。」

當天晚上不知道喝到幾點，我們醉得不省人事。隔天早上六點多，我被太陽曬醒，才發現原來自己睡在外面，老楊跟四個弟兄一同躺在屋子裡。不到七點，一輛吉普車開過來，指揮部的軍官、四位弟兄連隊的長官，還有軍事檢察官一起下車。他們驗明正身，在文件上簽名。軍事檢察官眼神閃爍地說還有事要先走，要我們自己搞定，我暗暗猜他不敢監督。

我們擺好隨車送來祭拜的供品，誠心祝禱他們往生極樂世界，從爐子拖出鐵床，把第一位弟兄放上去。推進去之前，老楊拿出鐵鍊，將弟兄拴在鐵床上。

我問：「幹嘛綁起來？」

他正經地說：「會蹦出來。」

「他不是死了嗎？你別嚇人好不好？」

「會，火一燒他就想蹦出來了。」

「真的假的？會不會蹦出鐵門啊？」

老楊信誓旦旦地說：「倒是不會。」

我心神不寧地和老楊把弟兄推進焚化爐，關上鐵門。鼓風機嗚嗚地響，老楊拿起火把，「砰」地一聲點起火，這一燒，就是兩個半小時。

老楊若有所思地說：「嗯，好像還沒燒完。」

「你怎麼知道？」

「打開看看。」

說完，他真的打開門，只見白白淨淨的弟兄燒得焦黑，原本躺平的身體呈現詭異的捲曲，彷彿真的要坐起來了。

我發抖地問：「老楊，怎麼辦？」

他搖搖頭說：「這個鼓風機不是很好，我們多加點油，再燒。」

又燒了一個半小時，終於燒完了，只剩下骨架子。剛燒完溫度還很高，我們拿著布抬出骨架，先擺著放涼。接著，我們又抬起第二個，第二個比較胖，抬著有點吃力，老楊突然說：「班長你看，他還在笑欸。」

「啊！你幹嘛說這個？」我差點軟腳。

「你看你看，他真的在笑，表示他可以往生西天，他在謝謝我們兩個人。」

我瞄了一眼，他的臉色確實比前一位紅潤，彷彿只是睡著了，也許真的比較有福氣。不過我還是在心中猛唸：「拜託拜託，不要謝謝我啊！我是被逼來的。您一路走好。」

奇妙的是，第二個順利許多，只花一個半小時就燒完了。我看了看時間，哇，已經下午兩點多了！我說：「照這個速度，今天燒不完啊！」

老楊說：「今天就算不睡覺也要燒完，但是我們還是先吃飯。」

我們兩人從昨天就沒吃東西，他這麼一提，我還真的覺得餓了。要是打電話請部隊送飯來，大概要等到晚餐時間才有得吃。人一餓，什麼禁忌都抛到一旁，早上剛拜拜完的饅頭、包子被我們吃得盤底朝天。

趁著天色沒暗，我們將燒完的骨灰掃進鐵畚箕，分別倒入骨灰罈，貼上名條，一晃眼已經四點多，工作只完成了一半，得加把勁了。邪門的是，第三位弟兄比第二個瘦，可是我們兩人竟然抬不動，老楊喃喃自語說：「怪了怪了。」

「為什麼抬不動？」我問。

他又說：「先別燒他，我們燒另外一個。」說完我們一起發力，試著把第三個往旁邊挪，奇怪的是，這一次抬得動了。

我問老楊：「這太奇怪了，為什麼剛剛抬不動啊？」

他搖搖頭說：「別講，現在什麼都別講，咱們快燒第四個。」

第四個花了快三個小時，燒完一樣抬出去。又回到第三位，可是不管怎麼抬，他依然紋風不動，要叫人幫忙也來不及。我問老楊，這該如何是好？

他說：「我們好好跟他講一下。」說完老楊「噗通」跪倒，慎重地唸了第三位弟兄的全名，誠心地祝福他放下牽掛、前往西方極樂云云，我見狀也跟著跪下磕頭。很奇怪，唸完以後，竟然抬得動了。可是接下來，事情還是不順利，燒了近四個小時還沒燒好。眼看油都快燒完了，總不能留他一人全身烏漆墨黑，太可憐了。老楊說：「這個人不想走啊！我們得推他一把。」

「怎麼推啊？」

「我們趕緊祝禱一下。」

老楊把所有想得到的神明唸了一輪又一輪，我也不管對或不對，猛唸阿彌陀佛。眼看油愈來愈少，火勢愈來愈小，「噗」地一聲，火熄了。拉開爐子一看，竟燒得漂漂亮亮的。我忍不住說：「哇賽！這個真的太邪門。」

等到四位全數封進骨灰罈，已是半夜兩點多。望著室外滿天星斗，不曉得是不是又多了四顆？我和老楊一面喝酒，一面整理他們的遺物。什麼補給證、情書、戒指、手錶和相片之類的，其中一張是第二位胖胖的弟兄和媽媽的合照，母子兩人在相片中笑得很是開心。我愈看愈難過，老楊在一旁說，他當兵的朋友死得更多，叫我不要太悲傷。

我說：「難道不能夠運回去嗎？最起碼讓家人看最後一面啊！」

老楊說：「沒辦法，只有馬祖本島有機場，真要送回臺灣，還要從東引島開船，一路顛簸就甭提了，就算到了機場，又是一趟折騰。而且船和飛機的航班說不準，只能燒了。燒了才好，燒得乾乾淨淨，人也乾乾淨淨的，不用再受罪了。」

我說：「唉，你說他們千里迢迢來當兵，突然人就沒了，家裡也只領了一點保險金，太可憐了。」

「他們哪裡可憐？我才可憐好不好？我八歲就當兵，什麼都沒有，連老婆都沒有。我幫那麼多人送行，沒有一個人跟我說謝謝。在指揮部裡面，大家都當我是一個沒有用的人，唯一想到我的時候，就是有人死了！」他愈講愈氣憤，「難道我就只能燒死人嗎？我以前也打過仗啊！要說打仗，誰的資歷比我深……」我靜靜地聽他發洩，等他氣消了，我問他：「楊士官，那你以後怎麼辦？」

「等到我走了，你就幫我燒一燒啊！」

我連忙搖手說：「唉唷唉唷！拜託你好不好？你不要講這個，我嚇死了，你還可以活很久啦！」

他平靜說：「人生不一定啦！你不要看我好像沒什麼事，其實我的腎不好，常常去野戰醫院拿藥，可能也活不長了。」

「拜託，你做了那麼多好事，一定有好報，不可能活不長。」

「嘿嘿，有好報也不是這一輩子，要長壽也是下輩子的事。」

「對喔！有道理。」兩人喝酒閒扯淡，又過了一晚。

第二天，我們把四罈骨灰和遺物送到軍法組，總算交接完畢。誰知回到本部，又接到軍法組的通知，意思是等到船來了，我們兩個還是要負責把骨灰送上船。

我反問：「我們已經燒好了啊！怎麼會是我們？這是軍法組的事情吧！」

對方堅持立場，還拿出軍階壓人，我心裡猛嘀咕：「我是不是該去測一下八字？要是不夠重的話，這一回忙完我就垮了。」

那一陣子海象不好，過了快十天才有船來了，我和老楊又找了兩個兵，將骨灰和遺物送上船。船上一位海軍軍官哭得肝腸寸斷，原來其中一位犧牲者是他的堂弟，離開新訓中心才不到半年的光景。

想起近半個月難忘的經歷，我將複雜的心情寫成一篇〈火葬室的一個晚上〉，投稿到《東湧日報》。參謀主任立刻攔截，指示禁止刊登。他對我說：「你搞什麼？這樣子會打擊士氣啊！這篇文章不准登。」

我說：「不登就不登，我也不想幹了，怎麼會要我去燒屍體？」

主任勸我說：「唉，我知道不容易，算是給你一個歷練，生死本是無常，你要看開，做好眼前的工作……」

無論他好說歹說，我還是堅持回到原來的單位，主任見我心意已決，終於同意讓我歸建。

回到原本的部隊，生活除了打坑道還是打坑道。忙碌了近一年，有一天，指揮部打電話找我，參謀主任要我趕緊過去報到。我放下勤務，趕去主任辦公室，他看到我立刻說：

「你來得剛好，老楊死了。」

「啊？怎麼死的？」我懷疑自己聽錯了。

「喝醉了，從山道上掉下來摔死的。」

「這……怎麼辦？」

「老楊生前一直說，要是他死了，就找你去燒一燒。你去不去啊？」

我說：「我……我能不去嗎？他現在在哪裡？我去看看他。」

老楊的遺體停在野戰醫院裡，我掀開白布，表情與生前一模一樣，沒有明顯的外傷，耳朵有些出血，只是已經開不了口了。

我問主任說：「現在這個工作誰做啊？」

「野戰醫院派了一個義務役士兵和一個年輕的士官負責火葬室，老楊教過他們。」

「好吧！我也算是他的徒弟啦！」說完，我們就著手準備幫他辦後事。隔天軍事檢察官到場，我們便按手續將老楊領出來。出發前，我到指揮部拿了一本《阿彌陀經》。因為上回替四位弟兄送行之後，老楊偶然間提到：「我燒了一輩子死人，沒幫人家唸過經啊！」

「指揮部有。」我特別到指揮部找出來，當面唸給他聽，他拍手叫好。

我說：「你現在才知道好啊！燒屍體之前要先唸這個經才專業啊！」

他笑著說：「我們哪裡知道？以前燒死人的時候，罵髒話的都有，哪有講經的呢？」我誠心地幫老楊助唸，接著夥同兩位負責善後的同袍把老楊帶到火葬室，好好洗乾淨，換了新衣服。最後，拜上一大壺東引風濕酒，我們三個人一面喝酒，一面聊天。我問：「這個工作不是人幹的，你們怎麼會跟著老楊？」

其中一個義務役的阿兵哥說當兵太苦了，好幾次差一點逃兵，只是東引島四面環海，根本逃不出去。不知道是不是為了懲罰他，長官調他來負責火葬。

另外一個職業士官說：「這個缺根本沒人要幹，指揮官跟我掛保證，只要幹一年，還能記功，所以我才來。」

大家商量好明天的工作流程，愈喝愈高興，也不知道誰帶頭唱起軍歌，酒精放大了歌聲，稀釋了人生的無奈，反正離我們最近的崗哨在兩百公尺以外，根本不會吵到人。

一面喝一面鬧，我帶著酒意睡著了。夢裡聽見有人唱歌，曲調有點熟悉，咦？是老楊唱的悼亡歌，歌聲愈來愈清晰。我漸漸轉醒，眼睛還沒睜開，但是歌聲依舊沒停。不對啊！老楊不是死了嗎？我立刻張開眼睛觀察四周，老楊還是直挺挺地躺著，另外兩個人也醒了，我們三人對望，沒人敢開口。也不知道過了多久，我打破沉默說：「你們兩個是要小便嗎？」

「不是，班長，我以為你在唱歌。」

「我？我沒唱歌，我在睡覺啊！」

「奇怪，那是誰在唱歌？」

我打斷他們說：「我剛剛在睡覺，什麼都沒聽到，你們就當是我唱的好了。」

下半夜我完全不敢睡，坐在外面的石頭上，遠遠看著老楊的屍體，等待黎明到來。

另外兩位也睡醒了，我們將老楊放上鐵床，綁好鐵鍊，再一次替他誦經，推進爐子裡，點火。鼓風機催動了，爐子裡火力旺盛。

老楊沒有家人，聽說退輔會將派專人把他的骨灰送進靈骨塔。

油料不是很精純，燒的時間有點久，剛開始，煙囪冒出來的煙又黑又濃，接著逐漸轉灰，最後呈現透明的煙，表示燒到骨頭了。

我們見到一陣黑煙被風吹向了大陸，即使飄得再遠都能看見，好像一縷靈魂隨著肉體消失而遠颺。還有什麼好計較的呢？灰飛煙滅之後什麼都沒有，有沒有緣再相聚，誰也說不準。

老楊回家了。

賺錢與賺人（2）

其實「賺」是華人最喜歡的字之一，只要講到賺錢、發財，沒有人不開心。不過若是為了賺錢，落入迷信就不好了。像我時常幫人鑑定寶物，最不喜歡鑑定的，便是所謂的貔貅。

唐太宗李世民非常喜歡書聖王羲之的字，文武百官知道皇上的喜好，莫不努力蒐羅，惟獨王羲之的《蘭亭集序》無法入手。後來他聽聞江湖傳言，《蘭亭集序》落在王羲之第七代傳人的弟子辯才和尚手中，於是派了當地官員拜訪辯才，希望他能主動上貢。辯才深知萬一承認了，此一稀世奇珍將離自己遠去，於是矢口否認，表示《蘭亭集序》因戰亂遺失。官員拿他沒輒，只能灰頭土臉地覆命。

當時有一位聰明絕頂的御史中丞，名喚蕭翼，他主動向唐太宗請纓，表示能將《蘭亭集序》弄到手，只是釣金鰲必須有香餌，得先準備幾幅王羲之的字帖，李世民交給他幾幅自己的收藏，蕭翼便動身了。

他扮作一個進京趕考的讀書人，三天兩頭路過辯才的廟，刻意與之攀談，表示自己對王羲之的作品頗有研究。辯才不疑有他，以為真的遇上同道中人，兩人愈談愈投契。有一天晚上，蕭翼投宿在廟裡，與辯才大聊特聊，他拿出預先準備的字帖，表示家裡什麼收藏都有，辯才如遇知己，心情大好，聊到開心處，蕭翼突然冒出一句話：「可惜最好的收藏品沒帶出來，我家裡還有王羲之的《蘭亭集序》。」

辯才哈哈大笑說：「你家裡不可能有！」

蕭翼說：「怎麼會沒有？我只是沒辦法帶出來。」然後口沫橫飛地形容裡頭的書法如何美妙、筆意如何驚人。

辯才愈聽愈生氣，忍不住說：「你不要再吹牛了！《蘭亭集序》是在我手上，怎麼可能在你家裡面呢？你們家裡那個是假的！」

蕭翼說：「怎麼可能我們家是假的？」

兩個人愈辯愈大聲，辯才火大，回到禪房拿出《蘭亭集序》，打開給蕭翼看，蕭翼一看，佯裝吃驚，大表佩服，兩個人聊到深夜，各自回房睡覺。隨後，蕭翼趁夜偷走了《蘭亭集序》，獻給唐太宗。後世稱這一段公案為《蕭翼賺蘭亭》。

故事裡的「賺」字，好像帶一點點欺騙的味道，像《水滸傳》裡的回目〈吳用智賺玉麒麟〉，也有一點巧取豪奪的意味。其實「賺」是華人最喜歡的字之一，只要講到賺錢、發財，沒有人不開心。不過若是為了賺錢，落入迷信就不好了。像我時常幫人鑑定寶物，最不喜歡鑑定的，便是所謂的貔貅。

民間謠傳貔貅會出門咬錢，而且沒有肛門，所以放在家中能聚財。這種說法其實是無中生有，因為在漢朝時，貔貅是一種鎮墓獸，主要功能是避邪，咬錢只是穿鑿附會的謠言。可是大家想發財想瘋了，甚至有商人到處宣揚貔貅的靈驗事蹟，我到許多人家中鑑寶，不時會看到各種材質的貔貅，說穿了，都是讓心情愉快的迷信。

在我年輕的時候，一天到晚想發財，有近十年的時間，當舖營業廿四小時，靠著延長營業時間，拉高營業額。即使是已經沒有價值的流當品，我都想辦法翻新再出售。比如以前曾經收過一個名牌打火機，因為機身的珐瑯缺了一塊而乏人問津，我就到迪化街找了一塊貝殼製的亮片，慢慢地磨成動物的形狀，貼上打火機，正好蓋住缺口，客人還以為是沒見過的新款，立刻掏錢買下。

在商場上，大家八仙過海，各顯其能，一心嚮往的目標就是賺錢。賺大錢的畢竟是少數，可是為了賺錢而瘋狂的人，卻所在多有。

曾經有一個客戶，一口氣來當十幾二十支在鐘錶店很少見的高級名錶，我跟他閒聊，問他怎麼會想來典當。他說：「我現在要投資公共工程，押標金需要一千萬。手上現金不夠，所以來變現。」

「你這個投資很大，工程一定會賺到錢嗎？」

他胸有成竹地說：「沒問題，綁標都綁好了。工程的技法跟用料，只有我才有。底價也談好，整個案子大概兩、三億，最少可以賺個三成。」

他說得眉飛色舞，發財的企圖心擋都擋不住，我很為他開心，趕緊幫他處理。過了三個多月，手錶到期了，我們多次提醒他，可是他在電話裡一下說明天、一下說後天，不管怎麼延，始終不見人影。因為手錶太貴重，倘若流當了我心中過意不去，左等右等，乾脆親自跑一趟。當我到他在松隆路的建設公司一看，偌大的辦公室只剩一、兩個人，其他的辦公桌空蕩蕩的，只見他雙眼無神地坐在位子上，整個人像是被土石流沖過一樣頹喪。

我問他說：「這是怎麼回事？」

他說：「唉，工程的隧道崩塌，光是清運就要花一、兩億，而且延誤工期還要罰款，現在不曉得上哪裡弄錢？」

「那……你的手錶怎麼辦？」

「能不能再等我一下？」

「等是可以，但是要有一個期限，永遠等下去也不是辦法。」

他毫無把握地說了一個期限，我也只能安慰他說：「撐著點，過了這一關就沒問題了。」

當初的意氣風發，不到幾個月變成風中殘燭。賺大錢之所以困難，就是因為其中還有許多天算地算都算不到的意外。有位珠寶公司的老闆，以前也是我的客戶，當初某個哥倫比亞祖母綠的品牌乏人問津，是這位老闆獨具慧眼，決定代理，結果最後飛黃騰達，他開始開設了一連串的連鎖珠寶店。最風光的時候，全省開了八十間，連賣進口保險箱的廠商都跟不上他展店的速度。

但是二〇〇八年金融海嘯的時候，他突然找我商量，表示北部的珠寶店想要頂給我。

我訝異地說：「你不是開了近一百家珠寶店嗎？怎麼會走成這樣子呢？」

他說因為代理的祖母綠已經被母公司收回去了，現在他專賣鑽石，只是鑽石成本比較高，全靠現金交易，所以資金卡住，只能縮小規模，目前南部的店已經找人接手，他想把新北市跟台北市的二十家店賣給我。

我搖搖頭說當舖跟珠寶店不一樣，我沒辦法接手，只能幫他問問看珠寶界的朋友是否有興趣。最終只頂讓了三、四家，其餘大部分都是草草結束營業，很多銷不掉的庫存，只能拿來典當變現。

所以賺錢這件事，七分靠本事，三分靠命運。以前我不太相信，總覺得人定勝天，經過這麼多年的觀察，我逐漸改觀。運勢能讓人暴富，也能讓人一夕之間失去所有，要想無視景氣起伏，立於不敗之地，個人專業與才智不能少。

但是話說回來，生活優渥之後，又過著什麼樣的生活呢？很多以前跑當舖的客戶，靠著努力和高明的經商技巧，賺得缽滿盆盈，可是怕人搶、怕人騙，深居簡出，連家人出門都要戴口罩，深怕被綁架，與人刻意保持距離，成了沒有朋友的人。

我的一個老客戶，在大陸經商十幾年，藉著房地產賺了很多錢，買了兩戶帝寶，每次回臺灣就會找我買個手錶什麼的。有一次他開著新款的超跑來找我，竟戴著鴨舌帽和黑色口罩，神情緊張，彷彿怕被狗仔跟蹤的藝人。

我調侃他：「哇賽！你開這麼好的車子，卻戴黑色的口罩，別人看到了，還以為你是電影明星呢！」

他連忙解釋：「不是不是，我怕遇到熟人，他們要嘛找我借錢，要嘛找我幫忙，麻煩死了。」

「借錢嘛，有錢就借，沒錢就不要借，簡單得很，幹嘛搞得這麼神祕？」

「你不曉得，高處不勝寒，萬一不借，不小心得罪人都不知道。」

「你現在這麼有錢，平常都做些什麼活動？」

「什麼活動都沒做，偶爾自己去爬一爬四獸山。」

「這麼孤僻？你有沒有加入什麼超跑的群組？」

「我不跟人家往來的。」

「哇！那你有錢能夠幹什麼事呢？不是很無聊嗎？」

「沒辦法，反正現在要小心，別被盯上，尤其被國稅局盯上更糟糕，我盡量低調。」

有一次他打電話給我，說身體有一點小狀況，雖然不嚴重，但他想把以前買的東西處理處理。

「幹嘛處理？你缺錢嗎？」

「不是，我想換成錢。」

「幹嘛換成錢？你難道想把鈔票鋪成床鋪睡嗎？買一些喜歡的東西自己欣賞不是很好

嗎？」

「哎呀，賣掉以後，換成錢比較好處理。」

「錢有什麼好處理的？花掉就是處理啊！給兒子？給孫子？別那麼笨，有錢就買你喜歡的嘛！不然你要錢幹嘛？你現在生病了，雖然不是很嚴重，可是你更應該想到身體健康的時候要做些什麼。好比多交一些朋友、多出門走走之類的。對了，你要不要來參加我們的扶輪社，一起做做公益事業？」

「不不不，很多聚會都只是吃喝玩樂，我不喜歡這一種。」

「吃喝玩樂就是人生啊！不然活著要幹嘛？吃喝玩樂之餘，還是能做一點公益啊！」

結果他還是不願意，照樣搬來自己的收藏，我幫忙賣一賣，拿到錢，他倒是很開心。

我勸他說：「你上半輩子都在賺錢，而且還賺了不少，其實可以過得更有意義。你有賺到人嗎？有嘉惠你的朋友嗎？有讓你周邊的人更開心嗎？」

他不解地問：「我賺的錢為什麼要跟大家分享？」

「這不是分享，你看，我們剛踏入社會時一心想賺錢，是因為我們沒錢，所以沒辦法照顧到周圍的人，可是賺到錢以後，才會發現錢只是數字，如果交到很多的朋友，生活會變得更豐富。不然每天像守財奴一樣，就像有人說的『窮得只剩下錢』，多沒意思啊？所以你應該要多交朋友，才有更多的樂趣。」

可惜這位朋友不是很有智慧，滿腦子只想著錢。其實，社會上有很多的人，不但富裕，還能結合人脈，發願行善，例如嚴長壽先生，他的財產豐厚、交遊廣闊，將手上的資源投入基層教育，他賺的人比賺的錢還多。那才是致富的目的。錢是死的，沒有溫度，可是人是活的，有感情。

走過近四十年的當舖生涯，我發現各行各業都有致富的能人，不過願意分享經驗、造福後進的人少之又少。當老闆的首要目標當然就是賺錢，萬一沒獲利，立刻樹倒猢猻散，但是賺了錢以後要照顧人、關懷人。賺人不是一兩天可以看到成果，如同種地一樣，要撒種子、要施肥，短期內看不到成效，只要長期耕耘，總有豐收的一天。只是賺錢快，賺人慢，所以願意投入的人少。

聚眾能力愈強，影響力愈大，商業活動如此，政治人物、演藝人員亦同，他們發揮理念或個人才藝，賺到萬人擁戴，以他們的光環和號召力，帶動代言產品的銷售輕而易舉，因為粉絲愛烏及屋，只要能跟偶像沾上邊，都是好東西。如果公眾人物意識到自己的號召力，用行動帶動大家讓世界變得更好，也許不像商業活動能賺到足夠的酬勞，卻可以傳播正能量，才不枉社會大眾的支持。

前一陣子，我到醫院做了一個小型檢查，住院觀察了幾天，隔壁床正好住著一位名主持人。他在螢光幕前控場能力一流，一拿到麥克風就吸引全場目光，輕輕鬆鬆就能調動觀眾的喜怒哀樂。住院期間閒著沒事，我想大家既然有緣住在同一間病房，不如聊聊天，彼此交個朋友。奇怪的是，他不太願意搭話，跟其他病患也沒什麼交流，甚至一直想搬到單人病房，好像深怕有人接近。我心想，這麼一個專業人士，他的工作與群眾有關，理當平易近人，也許是名氣太大，才會整天好像將自己包在一層防護衣裡面，實在可惜。若是他能敞開心胸，願意跟大家聊聊天，哪怕只是一、兩句生活經驗的分享，都能讓別人感到溫暖。

我的運氣挺好，一輩子待在同一個行業，一路上還算順遂，生活過得有滋有味。也許事業順利需要一點運勢，可是賺人卻不用求神問卜，或八字批命，只要真誠地關懷他人，讓每一個接近自己的人開開心心，自然會吸引好的人緣。也許過程中需要放掉到手的利益，不過，與其賺得飽飽卻孤身一人，不如大家一起過得開心。沒錢的時候要想辦法賺錢，有錢了就要努力賺人，賺錢只是過程，最終目的，還是讓身邊的人變得更好。

傲慢與偏見

做任何的事業難免遇到挑戰，競爭就是競爭，無分惡性不惡性。況且面臨競爭不是一、兩天，如果心裡永遠把敵人放在第一位，把客人放在第二位，天天發愁，生意怎麼會好呢？

二〇一四年的時候，有一間珠寶公司找上我，表示存貨太多，想請我幫忙處理。當時我正好想辦一場拍賣會，事先花了不少時間研究流程與細節，除了該公司的珠寶以外，其他的精品、手錶等都納入拍賣商品，活動場地找上一家全國數一數二的百貨公司合作，我想藉著異業結盟，提昇大千的形象和業績。討論過程頗為愉快，收費、場地使用條件都談得一清二楚，雙方順利簽好合約。

為了這次的活動，公司全員出動，事前反覆沙盤推演，我自己還預設了幾種突發狀況，一一模擬應對方式，看起來一切準備就緒。開幕當天，嘉賓雲集，踴躍的人潮出乎意料，我心想：「哇！可見我們在商場上還是有一定的號召力。」拍賣過程熱鬧非凡，甚至有兩個客人加碼競標，即使價格已經超過底標兩倍了，兩位還是互不相讓。我看他們已經開始鬥氣，連忙出面阻止說：「這樣子衝動不是辦法，價格已經快要比新的還貴了，無論是誰，得標以後都會後悔。不如你們猜拳吧！」

其中一位說：「這是哪一招？拍賣會還有猜拳的？」

「猜拳是天意，兩雄相爭是民意，加起來就不會後悔了。」

兩人的競爭愉快地解決，氣氛瞬間炒熱到高點。不過，活動進行到三分之二時，兩個外人突然衝進會場，大聲疾呼說我們不能再賣了。我和同仁登時傻眼，怎麼活動辦得好好的，突然有外人出來鬧場呢？

我連忙問：「你們是誰啊？憑什麼進場啊？有邀請函嗎？」

他們其中一位自稱是樓下A牌手錶的經理，另一位代表C牌精品，兩人口徑一致，指著台上的商品連聲阻撓。

我說：「你們是國際警察嗎？憑什麼叫我不賣啊？我賣的是仿冒品嗎？你要不要來看

一看？這裡全部是真貨，為什麼不能賣？」

他們說：「你們台上賣的跟我們是同一個牌子，妨礙到我們的權益。」

我說：「拜託，客人又不是不跟你們買，到底跟什麼公司權益有關？請你們離開。」

兩人氣呼呼地走了，不一會兒工夫，他們帶著百貨公司的總經理出現。總經理一開口還是同一句話：「秦先生，你們可不可以不要賣？」

我一聽更為火大：「總經理，你們當初跟我簽了合約，難道把白紙黑字當兒戲嗎？如果我賣的是贓物或是贗品，你可以提出證明而終止合約，問題是，這些全是真品，你有什麼立場叫我不能賣東西？」

總經理說：「因為公司樓下的專櫃也在賣，公司有規定，同一間商場不能有兩個同品牌的廠商。」

「他賣他的，我賣我的，我沒妨礙到他，也沒當眾破壞他的名譽，阻止客人去買。要跟誰買是客人的意願，而且，拍賣不是賣新品，我賣二手品啊！你到底在堅持什麼？」

只見總經理左一句拜託、右一句哀求，只差沒有下跪。我心中憤憤不平，不過活動時間已耽誤不少，而且也不差那兩樣東西，乾脆先擺一邊，繼續拍賣其他商品。他們三位還不放心，硬是要坐在現場監督，我當作沒看見。最後活動總算圓滿結束，只剩A牌與C牌的兩個商品沒賣。

同仁開始收拾現場，他們三人起身要走，我沉著臉過去說：「等一等，你們三個敢來鬧場，現在統統不准走。我要給你們上一堂課，給我聽完課再走。」三人聽我這麼說，真的乖乖坐回位子上。

我說：「你們聽過佳士得、蘇富比拍賣會嗎？他們沒賣C牌的精品和A牌的手錶嗎？你們為什麼不告他？這不是擇其善者而欺之嗎？還有人賣平行輸入的，你們怎麼不去告他？這不是柿子挑軟的吃嗎？」

然後我對總經理說：「你們百貨公司也很奇怪，事前已經說好我賣的是二手真品，今天還有人特地從國外來買，沒想到你居然幫著廠商來鬧場，視合約如廢紙，你們還有沒有商譽啊？」

接著我對兩個品牌經理說：「一個國際品牌如果沒有二手市場，這個品牌根本沒價值。我問你們，溫莎公爵夫人的珠寶是不是二手的？賣得比新品還貴；Cartier有那麼多的二手珠寶在外面拍賣，是不是比C牌的珠寶更引起人家注目？你們C牌的某一款包包之所以賣得好，是因為在二手市場一物難求，如果二手都沒人要，新款想賣給誰？其實你們應該感謝我們，因為拍賣促成了二手市場的活絡，所以一手市場才更好賣！

「梵谷的畫為什麼值錢？他的畫可能是三十手、四十手，但是愈賣愈賺錢。好的東西才有二手市場，許多國產車價格便宜，但是折舊率高，讓人望之卻步。雙B車車價高，但是折舊率低，二手車還是很搶手，所以二手市場是評價品牌的一個客觀標準。你們C牌的東西，新的賣一萬，舊的還能賣九千，這麼一來，大家是不是搶著買新的？

「無論是C牌也好，A牌也好，二手市場流通你們的產品都是加分，怎麼會是減分呢？今天你們來鬧場，就是跟自己打對台。一天到晚只用鼠肚雞腸妒忌別人，能做什麼大生意？」他們三人訕訕地說不出話，灰頭土臉地離開了。我本來要採取法律行動，後來想一想，實在是不喜興訟，於是事情到此為止。

這次的風波給我一個很大的啟示：很多名店之所以經營得愈來愈差，源自於主事者的心胸不夠開闊，將突發狀況視為阻礙，導致判斷錯誤。比如我家附近有一間服飾店，有一回我繞了半天找不到車位，看到店門口有空檔，於是暫停一下。才剛熄火，老闆立刻開門罵人：「這個地方不准停車，你不懂嗎？」

我說：「我只是臨時停一下，不影響妳的生意啊！」

她說：「怎麼會沒有影響？店面被你擋住了。」

「我等一下就走啦！又不是停一輩子，而且馬路也不是妳的，妳也無權叫我走。」

她還是罵聲連連，但眼看我的約會快要遲到了，沒有時間跟她爭論，於是我把車開走了。好巧不巧，幾天後一個朋友來我家拜訪，出門看到服飾店的櫥窗裡有一件衣服挺好看的，於是他說：「我進去看一看。」我心想前幾天才跟老闆起口角，跟著走進去未免尷尬，所以自己留在外頭。沒一會兒工夫，我朋友兩手空空地走出來。

我說：「你怎麼不買啊？不是很有興趣？」

他說：「老闆很兇。」

我點頭說：「對，我前幾天才領教過她的獅威，很厲害。」

「可能我穿得不夠體面，她以為我不會買，態度挺冷淡，其實我滿想買的。」

做生意不是打泰拳，如果服飾店的老闆能意識到與人為善，故事可能會走向不一樣的結局。如果她不計較有人在門口停車（即使被拖吊，也不是她害的），也許駕駛會因為她親切的態度，願意到店裡逛一逛，甚至在朋友挑衣服時，幫忙多講兩句好話，說不定就能成交。試著看遠一點，格局會不一樣。

有一位客戶陳老闆經營珠寶店近三十年，賺了一些錢，後來也繼續投資進貨。這一、兩年景氣比較不好，庫存銷不動，房東又漲房租，他有點心灰意冷，某天跑來找我商量說：「秦老闆，我經營了這麼多年，生意老是起起伏伏，都是因為競爭太激烈了，你看，隔壁賣珠寶的靠惡性競爭搶了很多生意，一下子削價賣珠寶，只賺工錢；一下子開放分期付款，反正無所不用其極。搞得我這種老實經營的做不下去了。」

我問他說：「你的子女怎麼想？他們不也在店裡幫忙嗎？」

「他們也覺得競爭都沒有章法，同樣傾向把店收起來。」

「喔，我不清楚你說的狀況，不如改天我去看看好了。」

過了幾天，我到他的店裡喝個茶，談到他歇業的決定，我說：「已經開了三十年，收起來好可惜。對了，請問你們兩位年輕人打算做什麼？」

他的孩子一個說要去大陸工作，一個說要開民宿。

我說：「你們三、四十歲了，算是學有專精，要改行也不容易對不對？」

「沒辦法啊！業界全是惡性競爭，網路直播也要分一杯羹，做下去可能沒前途。」

「做任何的事業難免遇到挑戰，競爭就是競爭，無分惡性不惡性。況且你們面臨競爭不是一、兩天了，如果心裡永遠把敵人放在第一位，把客人放在第二位，天天發愁，生意怎麼會好呢？

「隔壁同業也好，或者對面同業也好，他們跟你們一樣要付出成本，同樣要買貨、賣貨，彼此立場一模一樣。如果把人家的創新視為惡性競爭，可就錯得離譜。不做了和被淘汰不一樣，不做了是不再追求名利，悠遊於形而上的境界；被淘汰是做不過人家。我們要研究的是，三十年老店究竟為何做不下去？」

他們一家人面面相覷，沒人發表意見。

我說：「陳老闆，三十年來，每回見到你，你常常抱怨什麼競爭激烈、進貨價格愈來愈高、上游廠商不配合之類的，不知不覺已過了三十年，這些問題改善了嗎？沒有，你的假想敵永遠存在。

「你應該換一個思考方向，古人說『結市（台語）』，就是同行不要互相鬥爭，大家聚在一起，像是賣布的有布市場、賣米的有米市場、賣茶的有茶市場，當客人有需求，自然會朝你們靠攏，大家雨露均霑，都有飯吃。如果心胸不寬大，怎麼結市？不就打起來了嗎？你應該結合同業，大家一起賣好東西、做好服務，反正每一家店的磁場不一樣，你的客人，別人拉不走；其他人的客人，你也動不了。況且，每一家店能服務的客人有限，好比每一頓飯頂多吃兩碗的人，硬要吃十碗不是撐死了嗎？所以你不要再每天盯著別人，如果發現生意不好，要找出根本原因，對症下藥，才有辦法逆轉勝。

「和你的孩子認真想一想，你們的核心價值是什麼？假設是物美價廉，三十年來，你一定在客戶心中豎立了威望，別人搶不走。所以要找出路，不要找藉口。」

商業本是互通有無、共生共榮，不可能由一家獨力支撐，異業與同業互相砥礪，才能成為服務機制越來越好的事業。有了競爭，才有進步，若是一家獨大，進步的速度會緩慢許多。很多人問我：「商業的價值是什麼？」我認為商品或服務不因時間改變而褪色，反因時間的遞增而增值，這才是商業的價值。

我的超人媽媽

賺錢對媽媽來說是一種生活樂趣，雖然她沒有受過教育，卻屢屢解決棘手的問題。談到對家族的責任，她比誰都重情重義。

從小我便是一個好動又自信的孩子，什麼都敢玩，什麼都不怕。踏入社會後，成天與五湖四海的能人異士打交道，時常面對爾虞我詐，屢屢逢凶化吉，即使遇到再大的困難，一咬牙就是柳暗花明，每一次的考驗都增強了我的信心。人至中年，分店開了四、五家，當上當鋪公會理事長，在業界呼風喚雨，物質與精神的收穫日豐，快意人生莫過於此。夜深人靜時，偶爾憶及長年的拚搏和創意，自己都忍不住佩服自己。

這幾年，我的生活依舊多采多姿。重拾書本，踏入臺灣大學與上海復旦大學，彌補高中輟學的遺憾；在媒體頻頻曝光，拓展事業新面向。在外人眼中，我彷彿人生勝利組，光鮮亮麗得不得了。不過，相熟的朋友看得出端倪，偶爾他們會私下問我，怎麼以往機智的應答、自信的氣勢和笑容愈來愈少，眼神中的光采也黯淡許多？其實這兩年我的身心狀況大不如前，好比暈眩症纏身，發作時連躺著都覺得天旋地轉，當時找上國泰醫院耳鼻喉科、也是我台大學長的王主任診斷，他說我得了梅尼爾氏症，特別開了許多藥。學長的醫術沒話說，醫院的服務更是一流，但是手上拎著藥袋的我一點都不妙。頭暈、發呆、鬱悶慢慢爬進我的生活，以往無論面對多大的壓力，照樣沾床就睡。可是生病後，失眠竟成了生活日常。

過去兵來將擋、水來土淹的自己，突然之間成了被偷走能力的超人，不但健康亮紅燈，運勢亦開始起伏。至於原因為何，我自己也說不出所以然。親友認為我長期處在壓力鍋中，一致勸我遠離工作、設法紓壓，在他們的鼓勵下，我報名了單車環島團。每天什麼都甭想，隨著前導車賣力騎上七、八個小時，到了旅館就吃飯睡覺。我想只要不停地騎，總會悟出一點道理。旅行團從西濱出發，途經台中、台南、高雄、墾丁，殺到南迴，拐個彎再到台東，然而繞了大半個臺灣，汗水濕了又乾，我依舊想不出原因。

直到第六天，途經北迴歸線界標，大家停車休息，我找了一個石墩坐著滑手機，突然有一個人叫住我說：「不好意思，先生讓一下！」

抬頭一看，是一個中年男子踏著拾荒用的三輪車，車斗載著一位老太太，騎車的人還小聲唱著歌。我心想，這不是童謠裡的歌詞嗎？我挪出位子讓他們停車，男子到路旁買了便當，和老太太兩人吃了起來。我閒著沒事，問男子說：「你騎三輪車帶媽媽出來玩喔？」

「對啊！」

「你們也環島喔？」我開玩笑地問。

「對啊！」他的樣子不像在說笑。

我望著破爛的三輪車，心想高手果然在民間，騎這種笨重的車環島？體力肯定很好。車上的老太太模樣清瘦，吃便當吃得津津有味，不住地向我說兒子的好話，一下子誇兒子孝順聰明，一下子怨嘆兒子沒對象，還問我有沒有合適的女孩子可以介紹。

我心想她真沒心眼，一見面就叫人家介紹兒媳婦，我轉頭問男子說：「欸，你還沒結婚喔？」

他搖搖頭說：「沒有啦！跟前妻處不好，離婚了。」

「怎麼會想要騎著三輪車帶媽媽環島啊？」

他表示自己是台中人，爸爸很早就去世了，小時候，媽媽騎著三輪車載他去菜市場擺攤，將他撫養長大。近幾年媽媽得了癌症，心中一直懷著騎三輪車載兒子環島的心願，但是老人家怎麼可能載得動一個大男人呢？於是母子兩人互換座位，踏上圓夢之旅。兩人吃完便當，男子踩著踏板，嘎吱嘎吱地繼續上路。我和車隊繼續休息，可是喉頭好像鯁著一根刺，怎麼想都不舒服。

等到休息時間結束，我們著裝重新上路。不到十分鐘，車隊陸續超越母子二人，我一面騎，一面往後看，三輪車漸漸從視線裡消失，遍尋不著的解答卻突然躍進了腦海中。原來我的自信、樂觀、奮鬥不懈的精神並非因為年華老去而消逝，而是三年前母親去世的那一刻，一併帶走了我引以為傲的特質。從家中設好母親靈堂的那一天起，梅尼爾氏症開始發作，接著收到法院傳票，大大小小的挑戰接踵而至。當我想通的瞬間，心裡不禁冒出更多疑惑，因為母親辭世前四年深受失智症所苦，我們早已無法溝通。但是每踩一回，從小到大與她共處的回憶就湧現愈多，隨著車速漸快，我的心思也愈來愈清晰。

母親在日常生活中無限的創造力和使命必達的活力塑造了我的人格特質，只要她在，即使一語不發，都像我的後台一樣，給我最大的精神支持。影響最深遠的一段經歷，是母親帶著我養雞的過程。

小學二、三年級時，我們舉家搬到基隆東信路的一間兩層樓的木造房子。父親經營建材行，母親是一個閒不住的人，腦袋無時無刻轉個不停，總想做一些有生產力的活兒貼補家用，比如納鞋底、養雞、養鴨之類的，可是思想封建的父親特別愛乾淨，禁止家禽出現。再者，家裡沒有庭院，根本沒有飼養空間。

不過，母親堅持要養雞，她一旦決定，雷也打不動。她將腦筋動到屋頂上，不識字的母親爬上斜斜的屋頂觀察結構，拿著我的鉛筆和圖畫紙自顧自地畫起設計圖，然後每天外出一、兩個小時，到拆房子的工地撿回廢棄木料。她手把手地教我怎麼用拔釘器拔掉木料上一根根扭曲的釘子，接著在木料上畫記號，要我沿線鋸下，年幼的我當成遊戲，開開心心地鋸出一塊塊建材。母親憑著自製設計圖和木料，花了半年的光景，硬生生地在屋頂上敲打出一座雞籠。原本生活在平地的雞適應力很強，不多時便能在傾斜的屋頂上來去自如，偶爾全家吃飯時，上頭「咚」地掉下一隻雞，我爸爸便大罵：「誰家的雞呀？」

母親一把抓住落難雞，裝著糊塗說：「哎呀！是隔壁的，我趕緊給人家送回去。」說完，再悄悄拿到樓上放好。我們的保密工作做得極好，父親從不曉得頭頂上有十二隻雞悠閒地晃來晃去。

母親分派我早晚餵雞，好動的我拎著她特製的飼料，整天爬屋頂爬得特別開心。到了過年過節的時候，母親看雞都大了，就將十二隻雞的爪子綁好，標明一到十二，帶著我上高沙市場賣雞。母親的山東口音太重，一般人聽不明白，由我居中翻譯。有人問怎麼賣？母親沒經驗，只說自己養的，隨便賣。客人搖搖頭說：「哪有隨便賣的？我要知道多重啊！」

母親看著鄰近的攤販都有秤桿，於是回家拿了一根竿子，照著別人秤桿上的刻度畫記號，加上鉤子和自己做的秤砣，至於秤起來準不準就別計較了，反正她認為合理。於是母親帶著自製的秤和雞，重新回到市場，開啟了賣雞的生意。

五年級的秋天，有一天我去餵雞，到屋頂一看，唉唷！所有的雞都癱在地上動也不動，羽毛翹得老高，前一晚的飼料幾乎沒動。我趕緊通報我媽，她看了也不知道怎麼回事。等我放學回家，母親說：「麻煩了，牠們得了雞瘟。」

我問：「雞瘟怎麼回事？」

「就像雞感冒了。」

我天真地說：「啊？感冒就吃藥囉！」

「沒藥吃，就算餵牠們人的藥也不會好。」

「那怎麼辦？」

「完蛋了。」

那時接近農曆八月十五，過節正是賣雞的旺季，原本母親打算好好賺一筆，可惜這一次要血本無歸了。

隔天是週日，一早我媽就把我挖起來，我睡眼惺忪地問：「要幹嘛？」

「我們要想辦法處理這一群雞。」

我以為雞死了，要偷偷掩埋或是丟到運河裡，母親搖搖手說：「不是，我們來幫雞開刀，動完手術也許會活。」

我幾乎不敢相信自己的耳朵，連問：「啊？開刀？怎麼開？」

她帶著磨好的刀與縫合用的針線，領著我到雞籠旁，抓起一隻病懨懨的雞說：「待會兒，你唯一的工作就是像這樣抓住雞翅膀，讓牠的脖子伸出來，喏，看到沒有？」她一面說一面示範，我毛手毛腳地試了一下，母親滿意地點點頭說：「可以，不要讓牠跑走喔！」

我口頭說好，兩手死命抓牢，但是怕得幾乎快要尖叫出聲。從小到大，沒聽過雞能開刀。母親看準位置，咻咻咻地拔去羽毛，雞痛得直叫，差點掙脫，我趕緊加大力道。只見母親拎起菜刀，俐落地劃開一道口子，手指探入挖出雞胗，取刀剖開，只見裡頭有許多沙子和細石。她取水淘洗乾淨，拿起針線仔細縫合，塞回原位，最後縫合切口，末了打個結，宣告手術完成。解決完一隻，母親隨手再抓一隻，如法炮製。手術過程愈來愈熟練，拔毛拔得精準，清水一盆換過一盆，縫線漂亮得像縫紉機車的。不消一個早上的光景，十二隻雞治療完畢。但是牠們依舊奄奄一息地躺在雞窩裡，我忍不住說：「哎呀！牠們都快死了，怎麼辦啊？」

母親說：「你準備好飼料跟水，其他不用管。反正得了雞瘟，死了就死了，萬一活過來，就算我們撿到了。」

說起來挺神奇，下午有幾隻雞搖搖晃晃地站起來了，開始啄起飼料。又過了一個禮拜，只有一隻沒撐過恢復期，其他十一隻全數康復。我看著屋頂上活蹦亂跳的雞群，忍不住讚嘆：「媽，妳真厲害！」中秋節前一天，我們綁好十一隻雞，串在長棍上，前面五隻，後面六隻，一顛一顛地扛到高沙市場，立即引發騷動。因為雞瘟肆虐，整個市場無雞可賣，只剩我家獨賣。蜂擁而至的客人連秤都不秤，張口就問：「這隻雞多少錢？」我媽媽賺錢當然不會手軟，立刻提高售價，對方二話不說，爽快付錢，十一隻雞瞬間秒殺。正要收攤的時候，一個中年男子折了回來，舉著雞說：「欸，小弟弟，我請教你喔，雞的脖子上為什麼有拉鍊啊？」

我心想什麼拉鍊？仔細一看，原來是縫合的縫線啊！要是老實回答雞開過刀，客人可能要退錢，我福至心靈地回答：「你不知道，這是我媽媽的智慧，為了怕跟鄰居的雞混在一起，她教我在雞脖子上縫幾條線辨識。」客人滿意地離開了。

當天晚上母子倆開心地不得了，我問我媽：「妳怎麼知道要開刀？小時候學過嗎？」她說：「沒有啊！我沒看過，只是以前聽過老人家講，發雞瘟的時候，雞胗裡面有毒，可是不知道該怎麼處理。我突然想到殺雞的時候，都能看到雞胗，乾脆開刀試試看。」

母親的醫術不止於此，她還能充當小兒科。以前小孩子扁桃腺發炎的時候，我媽媽會把明礬放在缽裡，搗磨得比麵粉還細，再用洗乾淨的手指沾著明礬粉，讓孩子張口，按一點在扁桃腺上，隔天就消炎。所以三不五時會看到一排小孩子在我家門口排隊，不知情的人還以為是來領糖果，其實是逐一讓我媽媽治病。一個不識字的媽媽竟有這麼多大膽的治病祕方，真是匪夷所思。

有一回，母親決定自製童裝、童鞋到菜市場去賣。一般的童鞋鞋底應該規規矩矩地用二十層布縫製，製作過程耗時耗材。母親的想法不同，她把二十層布減成十層，另外十層居然用雜誌代替。我在那邊看不下去，直說：「媽，妳這個是黑心產品，用雜誌納鞋底會不會太沒良心啊？」

媽媽理直氣壯地辯解，說如果是大人的鞋子，該二十層就二十層，因為大人的腳不變，一定要穿得夠久。可是小孩發育快，童鞋三個月就穿不下了，根本穿不壞，要二十層布幹嘛？現在想一想，偷工減料當然不正派，可是她的想法節省了成本，符合漂亮第一、耐用次之的市場趨勢，不正是產品創新的概念？

賺錢對媽媽來說是一種生活樂趣，雖然她沒有受過教育，卻屢屢解決棘手的問題。談到對家族的責任，她比誰都重情重義。當年國共內戰時，共產黨攻進山東的老家，因為爺爺是地主，正好被劃分為黑五類，全家被掃地出門，我的大哥寄宿在外婆家，爺爺、母親和年幼的二哥窩在牛棚裡勉強過活，全靠母親乞食度日。時局混亂，裹小腳的母親放心不下在娘家的大兒子，某天一早背著我二哥出門，硬是走了二十公里，快到中午才抵達外婆家。

我舅舅是一個走南闖北的生意人，對局勢敏銳度高，他對母親說：「哎呀！我以為妳已經跑了。你們家是地主，要是不跑，妳非死不可！趕快！最後一班往青島的船就在今晚，我現在馬上去給妳和孩子買船票！」

原本我大哥就在外婆家，二哥也被母親帶了出來，老家只剩與母親沒有血緣關係的爺爺。即使有關係，在那個兵荒馬亂、人命如草芥的時代，逃難要緊，根本管不了那麼多。可是母親堅持要回家接爺爺一起走，眾人大力反對，舅舅說：「妳的小腳跑過去哪來得及啊？不如我去。」

母親搖搖頭說：「老先生很固執，換作你們去，他不會出來的，一定得是我。」

「他不出來，妳就不要去囉！年輕人先逃出去才要緊。」

可是母親深知爺爺的身分敏感，萬一她走了，村裡人肯定不敢接濟爺爺，老先生肯定要活活餓死。所以她心一橫，把孩子放在外婆家，再跑二十公里回老家，跟爺爺胡亂收拾行囊，馬不停蹄趕回外婆家。在距離碼頭五公里處已經聽到船笛聲，表示隨時要解纜啟航了。兩個人死命往前跑，怪的是鳴笛聲不絕於耳，船卻還是停在港口，等他們好不容易擠到船邊，只見我舅舅橫刀站在纜繩旁邊，身旁圍著一圈人，舅舅紅著眼喊著：「我妹妹還沒來！她來才准走！誰解纜我砍誰！」沒有母親的韌性，一家人不可能平安出逃至青島，更沒有機會在臺灣生根。

創業迄今四十年，我遇過多次危急存亡的關頭，母親在我最困難的時候，常常安慰我說：「過了這一關，還有一關；過了這座山，還有那座山，所以要用頭腦解決問題，好好地幹，一定能過。」從小我看著母親解決大大小小的難關，我遺傳了她的特長，沒事喜歡動腦筋。她展示給我的生命價值就是每天不斷地奮鬥，持續地創新，闖出新的局面，才是成功的人生。

正因為如此，她離開了以後，我頓失依靠，做什麼事情都沒勁，好像拔掉插頭的電風扇，雖然隨著慣性還會轉一陣子，但愈轉愈慢，最終叫停。過去的我，如同一艘捆滿貨物的船，航遍千山萬水，即使經過險灘暗礁、穿過狂風暴雨，都能堅定地朝著目標前進。回家以後，母親會聽我分享每一回的冒險故事和勳章，不管是新店開張，或是想出新的點子，她都聽得額手慶賀，甚至比我還興奮，幫忙編織更加美好的未來。可是母親走了以後，再大的戰功也沒人可說。好比我的EMBA論文得了A+，教授看了很開心；可是和我的孩子提起，他們多半覺得老爸又在吹噓；跟員工講，更是不可能。現在的生活條件應有盡有，只是面對無處話悲涼的惆悵，即使英雄也會感到孤寂。若再追逐名利，好像也沒多大的意義。

人生在世，可以依賴的人不多，即使有，能倚靠的時間可能不長。只有極少數人的經驗與智慧值得仰賴一輩子。雖然我從小沒有宗教信仰，但是我根深柢固地堅信我的母親，她就像是我的教主，給我一輩子的祝福與加持，陪我走過從小到大磕磕絆絆的成長。我失去的不只是母親，更是一位超人、一位菩薩。這兩年我逐漸走出陰影，我想母親一定希望兒子開心，她才會開心。至於怎麼走過失去人生導師以後的生活，就是她留給我最深刻、最值得思考的一道課題了。

打狗棒與指揮棒

「你看《射鵰英雄傳》裡的洪七公，打狗棒法和降龍十八掌威震天下，不但是五絕之一，還是丐幫幫主，可是書中他怎麼沒跟丐幫幫眾混在一起？……因為洪七公空有蓋世神功，卻不善調停紛爭，所以丐幫長久分裂成潔衣派和污衣派，他莫可奈何。」

我年輕的時候，社會環境單純，但是對年輕人的限制很多，一不小心就會被擠壓扭曲成自己想不到的模樣。現在是一個充分開放自由的時代，資訊隨手可得，教育方式五花八門，好好念書就能過好日子的時代早已遠去。沒有人能限制任何人，規則日漸模糊，年輕人已經無法遵循古法發揮所長，只能多方摸索，相較過去，考驗更大。尤其網路發達，別說每天湧入的消息難辨真假，連手機那一端是真人還是機器人都不知道。所以現在年輕人創業比過去難得多，除了必須親力親為，大小事一把抓之外，從小浸泡在網路中，少了面對面的交流與人性，更容易在待人接物上栽跟斗。

話說十年前，朋友的孩子小丁準備投入珠寶設計業大展身手，透過親人的介紹，他帶著自己設計的首飾來拜訪我，想聽聽我的建議。當時他雙眼發光地拿起一件件戒指、項鍊、耳環等說明設計的巧思，例如簡單的戒指一翻面就變成另一個款式，著實令人耳目一新，而且他計畫在網路上販售，打破實體店面的限制，還說臺灣珠寶業不思進取，抄襲的積習已久，這一回等著看他匡正業界歪風，讓原創設計的精神抓回消費者眼球。全程只看他手舞足蹈地大抒己見，年輕人躍躍欲試的熱血藏都藏不住，我幾乎插不上話，末了鼓勵他說：「你的想法很好，要說項鍊就是項鍊，戒指就是戒指，要一個普通的珠寶商重新思考首飾可以改成什麼樣子，真的是強人所難。今天你剛好學有專精，當然有機會改變世界，去試試看吧！祝你鴻圖大展。」

小丁時常打電話邀請我到工作坊坐一坐，因為工作繁忙，我始終無法赴約。有一回，他又打電話來邀我，表明準備了一瓶好酒，於是我聞香而去。

當我走進工作坊，只見三個看似員工的年輕人神情尷尬地站在外頭，有點不知所措，我張口問：「小丁呢？」

他們同時指向辦公室，裡頭傳來一陣陣摔東西的嘈雜聲，我趕緊跑進去，小丁正火冒三丈地講電話，文具、檔案夾與杯子的碎片凌亂地散布在牆角。

我勸他說：「你先緩一緩好不好？先掛電話，有什麼事情等一下再說。」

小丁沒理我，繼續對著電話大呼小叫，我一把奪過電話，直接跟對方說：「對不起，他等一下再打給你。」說完隨手掛上電話。

小丁餘怒未消，氣呼呼地抱怨遇上網路奧客，原本已經說好首飾的尺寸，等收到貨以後，才聲稱原本給的數字有誤，來來回回修改了兩三次，他罵道：「根本是敵方陣營派來惡搞我們的！」

我說：「唉呀！算了吧！你不是請我來喝酒嗎？我人都到了，這一件事等我走了，你們再說吧！」

小丁抹了抹臉，領著我到辦公室外的會客區，那三個年輕人還站著不動，我隨口說：「三位小老弟一起坐一下吧！」他們望向小丁，小丁呶呶嘴說：「回去工作了。」他們就默默地坐回自己的座位。工作坊空間不大，三人低著頭正忙著，小丁彷彿想起剛剛電話中受的鳥氣，突然站起來對著三人訓話，罵了近十分鐘，我在一旁好生尷尬。等小丁好不容易消了氣，他開了一瓶酒，與我邊喝邊聊。他拿出設計圖說：「秦叔你看，最近我增加了將近一百組的設計。」我接過來看，忍不住暗讚，創意和美感並行，真是一個才華洋溢的年輕人。

我問：「最近發展得怎麼樣？」

他說：「顧客反應很好，滿意度很高，但是很多訂單無法完成。因為加工廠把我的訂單排在後面，不願意提前出貨給我。」

「什麼原因呢？」

「因為開模容易被仿冒，我的設計不開模具，堅持手工製作，加工廠嫌麻煩，所以交期排到後面。」

「這樣怎麼辦呢？」

「沒關係，努力一點，多找幾家加工廠，最近我正在跟深圳的廠談合作，敲定以後就沒問題了。」

「太好了！祝你大發利市！」我舉杯向他示意。

小丁準備的酒真不錯，只是無法細細品味，因為他不時跑進跑出，一下子指揮三個員工做這個做那個，一下子跟廠商講電話講到起口角。我端著酒杯，如坐針氈，很想把酒帶回家喝，因此我說：「你這麼忙，不如我們下一次……」

他連忙打斷我說：「沒有關係，秦叔，您坐一下，事情馬上就解決了。」好不容易等他工作告一段落，我問他，除了加工廠接單的問題之外，還有沒有什麼特別的挑戰？

小丁嘆了口氣說：「唉，資金有點問題。」

「萬事起頭難，做事業難免有資金的問題，我知道你爸爸很有錢，他應該很支持你對吧？」

「我爸爸支持我好幾百萬了，我不好意思再跟他拿錢。他總是認為我理想太大，常常勸我剛創業不要那麼衝。」

我順著他的話說：「如果做得好，規模逐漸擴大很合理，不要一下子跨大步，要是突然膨脹太快，一不小心就卡住了。好比剛才你忙進忙出打電話罵人一樣，時間和能力還趕不上，不免手忙腳亂，不如從小處站穩腳步，再擴大也不遲。」

小丁一臉不以為然，電話又響個沒完，既然話不投機，酒也就變了味。我向他乾了手上的酒，找個理由告退了。

過了半年多，小丁到店裡找我，支支吾吾地說不清楚來意，我說：「別擔心，有話就直說吧！」

「那個……最近有一點周轉不靈，想請您幫忙。」

「當舖得有東西當，你看看有什麼東西，我幫你評估得高一點好不好？這是我唯一可以幫你的。」

他從手提包裡面拿出幾顆寶石，品質挺好，可是他要價一百萬。我搖搖頭說：「這些寶石大概值二、三十萬。」

「可是別人開價一百萬。」

「人家要賣一百萬，你買了嗎？」

「沒有，我暫時借來周轉。」

「喔！你要小心啊！一定要記得還給人家。對了，現在做得怎麼樣？」

「哎呀，遇到的困難很多，跟下游廠商相處不是很愉快，煩都煩死了。」他劈哩啪啦唸了一堆，我也沒辦法幫他解決，只能先借給他三十萬塊錢。

過了一陣子，小丁的爸爸打電話給我。嚴格來說，我跟他爸爸不是很熟，只知道他從事電子業，事業做得挺大。他說小丁脾氣愈來愈暴躁，但是問他事業順不順利，小丁也沒搭腔，因此請我有空到他的工作坊走動走動，看看他的情況如何。

我說：「丁董，上次他請我到工作坊喝酒，我看他忙得團團轉，沒喝幾口就走了。我再去只會打擾他，對他沒幫助。」

「哎呀！拜託你一下，你是做事業的，創業的心路歷程你比較熟，你說的話，他比較聽得進去。」

我抓抓頭說：「好吧！我找個時間去。」

正巧某一天我去改衣服，店址剛好在小丁工作坊的樓上，下樓時我心想，不如就去走一走吧。剛到門口，只聽到裡頭大喊大叫，我的手抬在空中，不曉得該不該按電鈴，心想還是下次再來比較妥當。剛要轉身，工作坊的門猛地打開，一個年輕人踉蹌跌出來，我扶了一下那個年輕人，關心地問：「欸！你們怎麼回事？」那個人沒搭腔，扭頭就跑。我往門內望去，小丁衝著門口罵個不停：「滾啊！滾了就別回來！我這裡沒有你這種員工！」

我說：「人家已經走了，不要再罵了，怎麼啦？什麼事情這麼嚴重？」

他說這一位員工去加工廠送設計圖，沒想到掉了一張最重要的圖，導致成品跟原本的設計天差地遠。所以小丁懷疑這一個員工可能跟敵方陣營勾結，需要好好教訓。

「你也不用教訓人了，有問題就解決。當初掉了設計圖，肯定是沒有收好，你交給他的時候，可能沒有很慎重，所以你多少要負一點責任。」

他這一聽不爽了，我彷彿成了不速之客，但是受他爸爸所託，我還是要表達關心，因此我問他：「最近狀況怎麼樣？上次三十萬的寶石已經贖回了，但是你爸爸還是有一點擔心。」

談到他爸爸，小丁又發了一陣牢騷，接著他拿出一個紅寶石戒指，說最近接到一筆大陸運動彩公司的贈品訂單，總計一千個，由他親手設計。我翻來覆去地看，戒指著實漂亮，我說：「這一顆不便宜喔！」

「對！可能要投五、六千萬。」

「這麼多？你接得了嗎？有沒有考慮先接一小部分？」

「不行啊！一次就是一千個。」

「對方怎麼樣？公司穩不穩？」

「沒問題，那個是全中國最大的運動彩公司，我已經去過好幾趟，也收了一百萬人民幣訂金。」

「很好，還是要小心。」

小丁拍拍胸脯說：「秦叔叔你放心。」

我環顧辦公室，發現員工都換了生面孔。小丁解釋，原本的員工要嘛心不在焉，要嘛抗壓性不足，稍有意見不合，心情不好就不幹了。我勸他：「人的樣貌百百種，都能用得上，不會運氣那麼差，都挑到不好的員工，你別衝動，以後多留意吧。」

過了一年左右，一個客戶偶然提起小丁，說他狀況不好，彷彿人間蒸發，根本找不到人。我心想身為長輩，多少要表達關心，於是找了一個上班日去看看他。可是工作坊的大門深鎖，我正在納悶，突然出現一群人，個個臉色不善，上來一陣劈哩啪啦，踹門、打門、叫罵聲不絕於耳。我站在旁邊不敢講話，帶頭的人突然發現我的存在，惡狠狠地問我：「你幹嘛的？」

「沒幹嘛，我一個朋友的小孩在這裡上班。」

「叫什麼名字？」

「幹嘛跟你講？我來訪友不行嗎？」

對方頓了頓，繼續說：「要是你認識老闆，叫他要出面喔！不然他就完了。」

「老闆怎樣了？」

「欠錢不還啊！」

我不敢多問，離開以後，趕緊打電話給小丁的爸爸說：「丁董，我剛剛去看小丁，發現鐵門關著。」

丁董歉然說：「秦老闆，我都不好意思跟你講，我兒子跑路了。」

「怎麼跑路了？」

「唉，他剛愎自用，成天抱怨員工和廠商，搞得所有人都對他敬而遠之。上次的大陸運動彩公司拖欠好幾期貨款，最後貨都交了，錢收得七零八落，虧了好幾千萬，我還賣了一棟房子幫他，最慘的是還涉及到仿冒。」

「怎麼會是仿冒呢？這是他設計的啊！」

「的確是他設計的，可是他沒去註冊，結果對手為了弄他，搶先一步跑去註冊，他還傻呼呼地出貨。」

遇到這麼離譜的事，縱使江湖老手都覺得麻煩，何況是初出茅廬的小丁。他一走了之，丁董只能仰天長嘆，不知如何是好。我說：「現在躲著也不是辦法，該面對的逃不掉。那天我遇到幾個人在門口堵他，看起來準備對他不利。是不是叫他出來，大家一起想想辦法？」

丁董說：「是啊！可是我也聯絡不上他。」

「好吧！如果他有消息的話，你跟他講一聲，我滿關心他的。」

某一天，丁董帶著小丁出現在我的店裡。小丁好像被扒了一層皮，過去如鬥雞一般飛揚跋扈的氣息已不復見，反倒像是病鴿一樣了無生氣。

我問他：「怎麼啦？還好嗎？」

他吞吞吐吐地說不出話，丁董幫著他說，前前後後花了近五千萬解決債務，但是涉及仿冒的問題被告上法院，搞不好會被判刑。一提到官司，小丁登時暴怒，激動地吼出自己的委屈和對方的惡行，久久不能停歇。無論我和丁董怎麼勸，他怒氣始終難消，我看著他失控的模樣，心想這個年輕人可能長期活在自己的世界裡，缺乏待人接物的經驗，才會遭逢困難時控制不住情緒。日後我得知官司結束，雙方選擇和解，當然又是丁董花錢消災，不過總算是平安落幕。

又過了一年多，有一次我到國父紀念館看展覽，結束後心血來潮繞著外圍散步，信步走進小花園裡，遠遠看到涼亭裡坐了一個年輕人，仔細一看，這不是小丁嗎？我喊了他幾聲，他若有所思，沒回應我。於是我走到他旁邊問說：「你是小丁嗎？」

他回頭看到是我，愣了一下，訕訕地打招呼說：「秦叔。」

我問他：「你不上班在這邊幹嗎？」

他問我：「秦叔叔你來幹嘛？」

我說：「我是來國父紀念館看展覽，你還沒回答我的問題啊！」

他說：「沒有，我心情不好，出來逛逛。」

「你最近有在上班嗎？」

小丁開始長吁短嘆，說他一年多來在新的設計公司上班，但是總覺得主事者和客戶的水準太差，三天兩頭改樣式，有違他的設計理念。他常常與人起衝突，一言不合就辭職，前前後後換了五、六家公司，到後來，根本無心找工作。再想到爸爸上一回花了幾千萬替他收拾爛攤子，內心十分愧疚，看看自己當初雄心壯志，現在卻落得無處可去，所以他每天早上出門假裝上班，找個地方窩著，晚上再回家。

我說：「你這是何苦呢？你才三十來歲，還年輕嘛！到7-11去打工也可以，躲在公園涼亭裡面怎麼行？你看池塘裡都是魚，小心別摔下去餵魚了。你該不會想不開吧？」

他嘴上說沒有，但是滿臉愁苦。於是我說：「反正我出門閒逛，不如我們聊一聊。」我帶著小丁到旁邊的咖啡廳，兩人各自點杯飲料坐下，他的模樣彷彿被原子彈轟炸過，整個人恍恍惚惚。我問他：「你沒吸毒吧？」

他連忙搖手說：「沒有、沒有。」

我說：「那就好，我以前看你自信滿滿，左打一拳右踢一腳，任誰都不看在眼裡，今天看到你一點生氣都沒有，老實說，我寧願看你以前的樣子，真的有這麼嚴重嗎？」

「哎呀！我虧的錢一輩子都賺不回來，真的很對不起我爸爸。」

「不一定啊！你爸爸多了五、六千萬跟少了五、六千萬，日子還是照樣過。再說，你會不會賺到五、六千萬，現在還言之甚早。」

他說：「秦叔叔，你不是常常勸我不要太衝，先從小做起，怎麼現在又對我有信心？」

我說：「我對你的才華有信心，對你的處事方式沒信心啊！既然都受到這麼大的打擊，應該思考思考失敗的原因是什麼吧？」

小丁開始抱怨自己運氣不好，什麼員工無能、廠商惡劣、奧客層出不窮等問題，好像全天下都是反派，他孤掌難鳴。我打斷他說：「拜託，難道你遇到的都是壞人嗎？不可能那麼倒楣吧？你有沒有看錯的地方？你有沒有評論有失公正？每一件錯事都是別人造成的嗎？」

聽我一陣搶白，小丁想反駁，卻又說不出什麼。我繼續說：「小丁，你設計珠寶的能力有目共睹，但是你缺乏處世的經驗。以前工作坊的大小事都是你處理，可是處理的都不是你的專長。

「你的專業是設計，解決人際問題和協商，全部都不是你的強項。當你不做專長的事，卻去處理不擅長的事情，正是失敗最大的原因。而且你不會用人，光憑一個人能成就什麼大事？即使自己武功高強，可是雙拳難敵四手，要是幾個人聯手圍毆你，你能撐多久？

「你看《射鵰英雄傳》裡的洪七公，打狗棒法和降龍十八掌威震天下，不但是五絕之一，還是丐幫幫主，可是書中他怎麼沒跟丐幫幫眾混在一起？」

「對啊！我看過小說，他的確一個人闖蕩江湖。」

「是啊，因為洪七公空有蓋世神功，卻不善調停紛爭，所以丐幫長久分裂成潔衣派和污衣派，他莫可奈何。可是你看《倚天屠龍記》裡的朱元璋，功夫不怎麼樣，卻能當皇帝。以前我去過你公司三次，一次沒遇到你，另外兩次看到你暴跳如雷，罵人跟罵狗一樣，怎麼能幹大事呢？」

他沉默半晌，最後開口問：「秦叔叔，你覺得我現在應該怎麼辦？」

我說：「你先去學鑲寶石的金工，加上原本的設計專長，你可以一條龍接單。訂單不用大，像上次一千個戒指根本吃不下，先從一個兩個開始接，等到上手了，再找一兩個徒弟，一面做、一面教人。不求大賺，有飯吃就好。等到你掌握管理的概念時，再慢慢擴大也不遲。」

他說：「您說得有道理，我回去考慮。」

「你甭考慮了，」我給了他一個金工師傅的聯絡方式，「他是一個香港人，你跟他說是我介紹的。不過我先跟你說，學金工很辛苦，因為晚上比較容易專心，所以金工師傅白天睡覺，晚上工作，生活日夜顛倒。你好好學，一定會有好結果。」臨走前我再次叮嚀他說：「千萬不要假裝上班，否則思想只會愈來愈偏激。」之後，我許久沒聽到小丁的消息，不過沒消息就是好消息，我這樣跟自己說。

二〇一九年，我接到一封喜帖，裡頭的新人笑得幸福燦爛，只是一時想不起來是誰；再看到男方主婚人，正是丁董。丁董只有一個兒子，那不就是小丁要結婚了？照片裡的小丁神采飛揚，一掃過去頹唐的慘狀，我高興地打電話給丁董賀喜，順便打聽小丁的近況。丁董說小丁主持一個七、八人的小工廠，每天忙得開開心心。我說：「唉唷！七、八個人算是不小的工廠。地址在哪兒？我去看看他。」

我在他婚前找一天去按電鈴，應門的正好是小丁，他看到是我，樂得合不攏嘴。我說：「聽說你要結婚了，特別來恭賀一下。」

他領我走進工廠，好幾個人專注地加工，小丁介紹現在的經營策略跟以往的高價路線相反，以平價的合金款式為主，除了自己的設計，同樣接受訂製。因為小丁的敏銳度高，設計語言與年輕人相近，廣受網友喜愛，還有人跟他接洽代銷的機會，只要有誠意，小丁都願意配合，所以推出了不少夯品，在網路上的詢問度相當高。接著他召集了所有年輕人，對他們說：「這一位是秦叔叔，他是當舖的負責人，幫助我很多。」然後向我一一介紹，有的是他的學生，有的是他的事業夥伴，還有一位專門負責網路接單的小姐，「那是我太太。」小丁笑著說，小姐害羞地向我點點頭。

在聊天過程中，不時有人拿著半成品問小丁問題，只見他輕聲細語地指導，末了還囑咐對方：「如果有疑問，不要客氣，再來問我。」對照過往他的暴君模樣，可見小丁待人處事有長足的進步。我誇他說：「你真的做得很好。」

小丁訕訕地說：「秦叔叔，原本我想主動約您，只是現在還沒什麼成就，所以不好意思去。那一次您在國父紀念館咖啡廳的一段話，令我受用無窮。尤其你跟我講洪七公的故事，我想，洪七公的武器是丐幫的打狗棒，我以前的武功很強，卻只用來打狗。我仔細思考以後，應該把打狗棒換成指揮棒，發揮原本設計的專長，教別人做事，就算員工做不好也沒關係，我們一起想辦法改進。剛開始很不習慣，還是免不了急躁，有些事情急不得，真的需要時間的磨練。現在我很適應一群人一起合作的氛圍。」

我說：「不只是時間的磨練，更需要自省的功夫，有人花一輩子都想不通，但是一個人願意花功夫自省，給自己機會改善，一定能脫胎換骨。」

小丁從辦公室裡面拿出一瓶威士忌說：「平常上班我不喝酒，今天機會難得，秦叔叔，我陪你喝一杯。」

我看著工廠裡忙碌而和樂的氣氛，轉頭對他說：「不用，你把酒給我，我帶回去慢慢喝，你繼續忙，當作我揩油你一瓶酒。但是我要提醒你，指揮棒分成指揮交通或是指揮交響樂，指揮交通看似簡單，但是攸關性命；指揮交響樂跟人命沒關係，但是稍有不慎，整場音樂會荒腔走板，所以指揮棒可比打狗棒重多了。現在有七、八個人信賴你，跟著你打天下，以後要想想怎麼讓自己和員工發揮所長，腳踏實地不冒進，事業才會愈做愈大。」

小丁正像是多數年輕人的縮影，他努力鑽研自己的興趣，大量吸收各方資訊，二十幾歲躊躇滿志，渾身是膽，敢拚敢衝，滿心期待自己的時代來臨。可是磨難逆境接二連三，一下子遇人不淑，一下子怪水星逆行，搞到最後一蹶不振。其實他們的專業技術與拚搏精神出類拔萃，差就差在少了一份體會他人感受的心，將別人的存在視如空氣，所以情緒一來，話出如風，該說的沒說好，不該說的全說了，總會嚐到人際失和的苦果。

幾十年前的生活單純，人際往來看得見、摸得到，一個眼神、一口氣的頓挫也許藏著說不出口的情緒，同學、同事整天碰面，日子一久，自然摸得清楚彼此喜怒哀樂的界線。如今網路加快了交流的速度，卻少了面對面的溫度，有人讀了三年高中，沉溺於自己的世界，卻不認識同班同學。也許在專業領域是所向披靡的金牌打手，但是只能在特定的小圈圈裡稱王，一旦跨出舒適圈，反而跌得鼻青臉腫。我偶爾遇上幾位富二代，仗著家底殷實，舉目盡是功利，氣燄囂張，令人避之唯恐不及，看多了便知道，無法善待他人的人終會摔跤。在龍蛇混雜的商場打滾四十年，我發現，無論在哪一個時代，若要闖出一番事業，除了專業技能，只要具備慷慨、仁慈、忍讓等亙古不變的美德，即便是年輕人，一樣能走得長長久久、恣意綻放才華。

後記
我的退休夢

每回我去演講或是辦活動，總有熱情的聽眾對我不尋常的人生充滿好奇，他們時常問：「秦老闆，你為什麼十幾歲開始當學徒？」、「秦老闆，你為什麼會開當舖？」、「秦老闆，鑑定的功夫是哪裡學來的？」其實總歸一句話，一切全是命運的安排。只是我的命運稍微崎嶇一點。

相比能人異士，我只是一個小人物，求學階段無憂無慮，母親對我疼愛有加，直到高中時家逢巨變，我輟學到當舖當學徒，生命才開始走向始料未及的道路。直到今天，我的生命盡在銅臭味裡打滾，所接觸的人多數因金錢跟我結緣，恩恩怨怨走過近四十七年，似乎應該按下暫停鍵。尤其二〇一九年，我在健康檢查時發現身體有異，幸好及早發現，手術後完全復原，要是再過兩、三年，也許為時已晚。意外和明天哪一個先來，誰都說不準。因此我開始考慮，是不是應該要退休了？

不過，總不能說退就退，肯定要找到合適的接班人。創業維艱，守成更不易，我相信自古英雄將相都曾苦惱過。要把畢生事業交給某一個人，真的不是說放就放，你看台積電創辦人張忠謀先生幹到八十多歲才離開第一線，等到我開始規劃退休時，才感覺到抉擇多困難。

工作這麼多年，信得過的不乏其人，可是才德兼備、不忘初衷的人是鳳毛麟角。一般的行業裡，有才華便能行遍天下，個人品德不太要緊。當舖業比較特別，從業人員不但要有專業技能，更要品德端正。因為長時間跟錢泡在一起，難免沾染現實功利的味道，面對誘惑，要能保持單純實屬不易。而且在社會大眾的心中，當舖的形象仍有改進空間，維持商譽尤其重要。我的學生各有各的專長，人品值得信賴，我得好好衡量。

除了事業的繼任人選，另一個問題同樣無法忽視：退休以後，我要做什麼？有人一生在名利戰場裡廝殺，退休後開始跟病魔搏鬥，或是跟寂寞糾纏。一旦失去生活目標，再強大的英雄都會快速衰老。綜觀我的當舖人生，每天開門都是助人的機會，不過礙於經營原則，不可能來一個幫一個，其中難免有些遺憾。過往的客戶裡，有人倒閉，有人跑路，也有人走上絕路。如果當初我多伸一些援手，可能會改變某些人的命運。可是我不是算命師，無法預測每一個人的未來，何況每一筆交易代表大筆金錢往來，要是當時善門大開，恐怕跳樓的是我。

憑良心講，我能安然走到今天，除了自己的努力，更多來自於社會的厚愛。要怎麼運用自己的能力回饋社會，是我最近一直思考的問題。身為當舖老闆的職業即將結束，但是我的志業正要開始。

退休後第一個努力的目標，我將從關懷兒童及青少年的教育做起。臺灣沒有什麼地大物博的天然條件，小小的島嶼卻爆發無窮的奇蹟，全靠臺灣人的打拚。

六〇到七〇年代的義務教育政策，讓每一個人擁有公平翻身的機會，即使出身寒微，只要努力讀書，憑藉教育翻轉人生不是夢。高中輟學一直是我心中最大的痛，午夜夢迴，我不時想著，要是當年能繼續學業，我一定能踏入夢寐以求的媒體圈，成為廣播電視界優秀的人才。可惜我身不由己，過早在社會大染缸浮沉求生，錯過黃金時間，雖然賺了錢，卻失去了純真的初心。

其實有很多年輕人跟當初的我一樣滿腹理想，可惜情勢所逼，在現實的蹂躪下被迫快速長大，我們不知道失去多少因為早熟而放棄夢想的人才。近幾年我跟著扶輪社的社友關懷偏鄉的小學，才發覺城鄉差距並非遙不可及的名詞，而是每天發生的新聞。除了物質條件的落後，還有思考方式和教育資源的差距。如果偏鄉的孩子能得到更多的關懷與栽培，長大以後將成為臺灣社會的骨幹，更有能力改善故鄉，幫助後代脫離惡性循環。無論是補助營養午餐、學費，或是分享人生經驗，都是我願意投入的方向。

因為媒體的厚愛，秦老闆的鑑寶活動廣受觀眾喜愛。既然市場有所需求，我又正好專精於此，退休後，我的第二個目標，當然是把鑑寶大會辦得更加有聲有色。因為無論時代怎麼演變，總有新的騙子出籠，不論是無良吸金、賣假貨，還是賣假油、毒奶粉等食安問題，所在多有。老實說，我年輕的時候開當舖，全部都做好事嗎？這也不見得，畢竟人窮志短，難免遊走於灰色地帶。可是當我自省之後，當然不敢做任何有愧於社會道德的事。不過，也有的人是能坑就坑，說騙就騙。既然鑑定是我的專長，我願意免費替大家把關東西真偽，到底真在哪裡，假在何處，我一一說個分明。

當然，鑑定難免得罪人，不過，我的舉手之勞對社會有正面助益，起碼大家知道要買的東西對不對，免得花冤枉錢。甚至有一些東西即便是真貨，還是不值得天價購買。比如說一克要價幾萬元的沉香，或是標價上千萬的茶餅，全都是真貨，但是金額高得驚人，這不是騙，而是一個填不滿的坑。

怎麼說呢？只要先想想為什麼需要買，問題就單純得多。古時候只能從天然的材料中獲得香氣，所以沉香、龍涎香等特別珍貴，時至今日，沉香的氣味能比Chanel NO.5香水更香嗎？如果答案是否定的，將幾萬元買沉香的錢改買香水，豈不是省錢許多？

茶餅的道理亦同，過往運輸路途遙遠，曠日廢時，散茶的香氣容易散逸，而且體積龐大，不利運輸。製成茶餅不但能保留茶香、縮小體積，還能避免變質，所以百年茶餅動輒喊價上千萬。可是既然要喝茶，為何不喝新鮮的呢？

另外，好的藝術品值得投資，因為藝術家的心血為生硬的材料注入靈魂，若是眼光獨到，包準有增值空間。不過，市場上有人大力炒作黃花梨、金絲楠木等木料，雖然木材要價不菲，但是原料製成器具才會有價值，好比一般人買傢俱會考量設計、雕刻和人體力學等因素，再判斷價值多少，絕少人直接扛一截樹幹回家當椅子坐。梵谷的畫作價值連城，但是光買空白畫布和顏料有何用呢？市場水太深，許多人弄不懂，我可以將道理說給大家聽；當懂的人多，買的人少，炒作的歪風就會慢慢地停息。

說完了對外能做的事，退休後我最後一個、也是最希望完成的目標，是跟三個孩子相處得更融洽。

剛創業時，我曾經二十四小時開店，只為了賺錢，連親情都可以犧牲，足足拚了十年。學校放假時，都是我太太帶孩子去玩，好不容易我跟著去，滿腦子仍在想怎麼衝高營業額；甚至全家去夏威夷旅遊的時候，我在沙灘上躺著，心裡還是掛念著同仁會不會當到假貨，連小朋友都看得出來我心不在焉。以前小孩的家長會都是我太太參加，我幾乎場場缺席，當上家長委員後，難得去開會，卻不知道孩子在學校裡學什麼、喜歡玩什麼，有哪些要好的同學。過去我不以為意，等到孩子愈來愈大，我才驚覺我這個父親的缺席造成無法彌補的損失。孩子對我很尊敬，我發脾氣時，他們都讓著我，但是我感覺得到彼此的隔閡；我們的想法南轅北轍，末了竟然沒辦法溝通。在他們心中，我生財有道，照顧全家不愁吃穿，雖然社會地位高，不過家中地位特低。

之所以沒地位，並不是我的人格有問題，而是我每天忙著工作，回家不是累了就是醉了，對家裡的付出比小狗還少，小狗在家裡還會搖尾巴，我卻什麼事都沒做。一晃眼，好多年過去了，孩子開始有謀生能力，有時我想了解他們的生活狀況，卻不知道該怎麼開口。我曾問：「你們怎麼不理我啊？怎麼不跟我講話？」

他們反問一句：「以前你有跟我們講過話嗎？」

我聽了一愣，想反駁卻反駁不了，勉強擠出一句：「這……不是啊！當時我不知道要跟你們講什麼。」

「我們也是啊！我們不知道要跟你講什麼。」

看著他們個性中偶爾流露出的急躁，與我根本是一個模子刻出來的。追根究柢，過去我常把工作壓力帶回家，影響家中氣氛，潛移默化之中，造成現在的模樣。父母的言行和個性是子女複製的模板，我的母親樂觀而且創意無限，關於我的事，她樣樣有興趣，每回我有事情找她，她從不會跟我說她在忙。當學校發家長會通知時，即使她聽不懂，照樣興致勃勃地參加。她對我的鼓勵造就我一輩子開朗自信的個性。但是近兩年我逐漸意識到，孩子已屆適婚年齡，卻沒打算結婚，可能是放不下原生家庭的恐懼。也許他們想到成家以後，如果像爸爸一天到晚缺席，或是像媽媽管東管西，還不如單身比較好。凡事都有因果，我以前還覺得自己挺了不起，現在才驚覺自己竟搞到跟子女相敬如賓，如果沒有我太太幾十年來的包容和體諒，如果老天爺不太眷顧，我很可能淪為晚景淒涼的獨居老人。

無論功績再輝煌，少了家人的支持，再熱鬧的風光都有一股暖不了的涼意。

身為一個缺席許久的父親，也許我無法完全挽回子女的心，但是我希望自己能夠在他們的心裡多一點點溫暖，不要將遺憾帶到下一個家庭。

一世功業，終有寂靜。我開創了大千典精品，但不一定能陪著它持續發光發熱。退休以後，我不敢奢望對國家有多大貢獻，但既然我的一切來自家庭和社會的支持，孩童的教育、喜愛蒐購寶物的朋友和家人，就是我努力回饋的方向。

國家圖書館出版品預行編目（CIP）資料

29張當票④：千金不換的人生現場／秦嗣林著. --
初版. -- 臺北市：麥田出版：家庭傳媒城邦分公司
發行, 民109.08
面； 公分. --（不歸類；173）
ISBN 978-986-344-790-0（平裝）

1.人生哲學 2.通俗作品

191.9 109008537

不歸類173

29張當票④

千金不換的人生現場

作　　者／秦嗣林
文字整理／王上青
責任編輯／賴逸娟

國際版權／吳玲緯
行　　銷／巫維珍　蘇莞婷　林圃君
業　　務／李再星　陳紫晴　陳美燕　葉晉源
副總編輯／何維民
編輯總監／劉麗真
總 經 理／陳逸瑛
發 行 人／凃玉雲
出　　版／麥田出版
10483臺北市民生東路二段141號5樓
電話：(886)2-2500-7696　傳真：(886)2-2500-1967
發　　行／英屬蓋曼群島商家庭傳媒股份有限公司城邦分公司
10483臺北市民生東路二段141號11樓
客服服務專線：(886) 2-2500-7718、2500-7719
24小時傳真服務：(886) 2-2500-1990、2500-1991
服務時間：週一至週五09:30-12:00・13:30-17:00
郵撥帳號：19863813　戶名：書虫股份有限公司
讀者服務信箱E-mail：service@readingclub.com.tw
麥田網址／https://www.facebook.com/RyeField.Cite/
香港發行所／城邦（香港）出版集團有限公司
香港灣仔駱克道193號東超商業中心1/F
電話：(852)2508-6231　傳真：(852)2578-9337
馬新發行所／城邦（馬新）出版集團 Cite (M) Sdn Bhd.
41-3, Jalan Radin Anum, Bandar Baru Sri Petaling, 57000 Kuala Lumpur, Malaysia.
電話：(603)9056-3833　傳真：(603)9057-6622
讀者服務信箱：services@cite.my

封面設計／黃暐鵬
印　　刷／中原造像股份有限公司

■2020年（民109）08月27日　初版一刷
■2023年（民112）11月21日　初版八刷
Printed in Taiwan.

定價：299元

ISBN 978-986-344-790-0